JAPON

GRÜND

Remerciements

Maquette : Sue Storey
Photos faites spécialement pour cet ouvrage : James Murphy
Préparation des plats : Dolly Meers
Stylistes : Andrea Lambton, Sarah Wiley
Dessins : Sally Davies

Les éditeurs tiennent à remercier les personnes et organismes suivants qui les ont autorisés à reproduire certaines des illustrations de cet ouvrage : Octopus/Martin Brigdale : pages 11, 19, 21, 23, 27, 31, 37, 38-39, 53, 55 ; Octopus/Robert Golden : pages 25, 51, 61; Ace Photo Agency/Richard Walker : page 5 ; Robert Harding/Picture Library : page 7

Adaptation française d'Hélène Bigard

Première édition française 1988 par Librairie Gründ, Paris

ISBN : 2-7000-6461-5
Dépôt légal : avril 1988
Édition originale 1987 par Octopus Books

Photocomposition : Marcel Bon, Vesoul
Imprimé à Hong Kong
Distribution : UNIMEX Co (46.80.92.93)

Sauf mention contraire, toutes les recettes sont pour 4 personnes

Page précédente : soupe épaisse aux œufs (page 13)

Sommaire

Introduction

Pendant des siècles, le Japon est resté fermé aux étrangers et ce n'est que depuis un siècle qu'il s'est ouvert aux influences extérieures. Ceci explique peut-être pourquoi ce pays a développé un style de cuisine si unique et si élégant. Malgré la proximité de la Chine, et bien que plusieurs ingrédients similaires soient utilisés, la cuisine japonaise et ses parfums sont totalement originaux.

Il n'existe probablement aucun autre pays au monde où l'art culinaire ait été aussi poussé. Les Japonais sont particulièrement sensibles aux couleurs naturelles, à la symétrie et à l'aspect général de chaque plat — le plaisir visuel fait partie du plaisir gastronomique. La façon artistique dont les aliments sont disposés sur de beaux plats ou bols en céramique, doit rendre les plats plus agréables. A chaque aliment correspond un type de vaisselle, souvent fabriquée à la main. Les Japonais ont un talent particulier pour disposer et garnir les plats de façon à faire ressortir le contraste des couleurs, des formes et des textures ; fleurs et feuilles de saison sont souvent utilisées pour décorer un plat.

Chaque ingrédient est préparé séparément, et ainsi parfums et goûts individuels sont préservés. Les Japonais ont un grand respect pour la nourriture et le Japon est probablement un des rares pays au monde où les gens sont prêts à payer n'importe quel prix pour savourer la première fraise, le premier *matsutake* (champignon de pin) ou le premier melon juteux de la saison. Ces derniers sont souvent emballés individuellement dans des boîtes spéciales, bien protégés, et vendus comme cadeaux. Ni temps ni efforts ne sont épargnés pour la préparation de ces délices de gourmets.

Ci-contre : vue sur le mont Fuji par temps clair

La cuisine japonaise est renommée pour le raffinement de sa présentation, elle offre cependant beaucoup plus qu'une simple apparence. Une des caractéristiques majeures de cette cuisine est son respect des saveurs naturelles ; seuls les meilleurs et les plus frais des ingrédients sont utilisés ; la cuisson est ramenée au minimum ; les assaisonnements sont délicats et parfumés.

Les Japonais sont fiers de produire les meilleurs fruits ou légumes, mais aussi de vendre uniquement les plus frais des poissons et fruits de mer ; de masser leurs bœufs et de les nourrir à la bière afin de produire la viande « persillée » la plus belle et la plus chère du monde. La ménagère moyenne se rend tous les jours au marché afin d'y acheter les ingrédients les meilleurs et les plus frais pour sa table, même si elle possède un réfrigérateur. Les Japonais sont près de la nature et les quatre saisons sont toujours présentes dans l'imagination du cuisinier. Il existe également une forte tradition végétarienne dans le Japon moderne, malgré un déclin du boudhisme, et dans la plupart des repas japonais on trouvera trois fois plus de plats de légumes que de plats de viande.

Pour l'Occidental il est très simple de préparer un repas tel qu'il serait servi dans une maison japonaise. Lorsqu'il s'agit de cuisine familiale, la plupart des repas y sont souvent sans manière ; tous les plats sont placés sur la table en même temps et chacun se sert. La cuisine officielle est fort distincte de la cuisine familiale. Les plats officiels, que l'on appelle *Kaiseki ryori* (voir ci-dessous) sont principalement servis dans des restaurants spécialisés et lors des cérémonies du thé. Mais on y retrouve les mêmes caractéristiques : fraîcheur des ingrédients, préparation méticuleuse, utilisation minimale d'assaisonnement lors de la cuisson et présentation soignée.

Dans les foyers modernes, les repas sont consommés autour d'une table classique ; dans le foyer traditionnel, les convives sont pieds nus, soit agenouillés soit assis les jambes croisées, autour d'une table basse. Les convives sont assis sur des coussins. Chacun a un bol de riz nature bouilli à gauche et un bol de soupe à droite. Les *hashi* (baguettes) sont placées en face de chaque couvert. Un ou deux plats sont servis dans des bols individuels, juste après le riz et la soupe, le reste étant servi sur des plats plus grands au centre de la table. Un déjeuner ou dîner japonais type consiste en une soupe, suivie de plusieurs poissons, de poulet ou de viande et de plats de légumes — un à la vapeur ou grillé, un frit et ainsi de suite — accompagnés de riz et de légumes marinés ou d'une salade. Les légumes ou la salade sont servis par petites portions.

L'aspect de la table revêtant aussi une grande importance, plats, bols et assiettes sont choisis pour s'harmoniser avec les formes et les couleurs des aliments qu'ils contiennent et avec la saison de l'année, plutôt que pour s'harmoniser l'un par rapport à l'autre. Après un repas traditionnel, il y a une montagne de petits plats et d'assiettes à enlever.

La cuisine japonaise est relativement simple. La plupart des plats, cuits à l'avance sont servis à température ambiante.

Il est intéressant de comparer les différents types de cuisine du Japon et de la Chine : alors que les Chinois mélangent les ingrédients, les Japonais les gardent séparés de façon à pouvoir les savourer individuellement. Les Chinois préfèrent la poêle et l'huile : la plupart des aliments japonais sont grillés, cuits au bain-marie, ou mijotés, beaucoup plus rarement cuits à la friteuse.

Kaiseki ryori

Ce style de cuisine de cérémonie s'est développé à partir d'aliments servis durant la cérémonie du thé japonaise, il y a environ trois cents ans. Les aliments sont présentés selon un ordre particulier déterminé par la méthode de cuisson, et les quatre saisons sont strictement respectées lorsqu'il s'agit de choisir les ingrédients devant être servis. Au cours d'un *Kaiseki* officiel, les plats sont servis les uns après les autres dans un ordre bien précis : consommé, hors-d'œuvre, plat mijoté, plat bouilli, viande, légumes, gros poisson frit, riz nature bouilli et finalement le *sunomono* (légumes au vinaigre), soupe de *miso* et thé vert. De nos jours, les plats du *Kaiseki* sont seulement servis dans les restaurants japonais de première classe appelés *ryotei,* ou en famille lors de réunions et cérémonies spéciales, par exemple le Nouvel An, la Journée des Enfants et l'Équinoxe.

Étiquette

L'étiquette se limite à un minimum de règles, toutefois, certaines traditions sont maintenues. Il est de coutume, par exemple, d'offrir à ses hôtes des serviettes roulées pour s'essuyer les mains ou le visage, avant d'entamer le repas. En hiver, ces serviettes seront très chaudes et en été, elles seront glacées. On n'utilise pas de couverts et d'ustensiles pour servir, tout simplement parce que tous les aliments ont été découpés méticuleusement en petits morceaux de la taille d'une bouchée avant d'être amenés sur la table. Les baguettes ne doivent pas être placées en travers d'un bol ou plantées dans le riz (il s'agit d'un signe de deuil).

Fêtes japonaises

Certains jours fériés sont célébrés en grande pompe, le Nouvel An étant probablement le plus important. Les aliments sont préparés et placés dans de belles boîtes laquées disposées en gradins. Les amis, les parents et les voisins viennent échanger des vœux et l'on sert nourriture et boissons. Une pâte de riz, préparée à partir de riz gluant (sucré) est plongée dans de l'*ozoni* (soupe spéciale du Nouvel An). Ce jour est si sacré que l'on place le « o » avant le mot *zoni* afin de préciser la forme honorifique du mot. *Osechi kyori* est une combinaison soigneusement planifiée d'aliments pour la fête du Nouvel An. Au cours de cette période, qui dure près d'une semaine, tout est fermé et le Japon pratiquement immobilisé.

Le Jour des Jeunes Filles est célébré tous les ans le 3 mars — la signification de cette date étant l'association des mots japonais pour « trois » et « beauté », le son *mi* signifiant les deux. Les grands-parents maternels d'une fillette lui offrent un jeu de poupées à la naissance, *ohina-sama,* et celles-ci sont sorties et exposées à chaque Jour des Jeunes Filles. Ce jour-là

Mosaïque de champs près de Kyoto

les aliments sont choisis pour leur beauté et leur couleur. Le Jour des Enfants (anciennement Jour des Garçons) est célébré avec des feuilles de cerisier parfumées enveloppées autour de gâteaux de riz. Les Japonais respectent toujours ces anciennes traditions, en dépit de l'influence occidentale.

Ingrédients de tous les jours

Au Japon, le riz s'appelle *gohan,* terme générique pour « repas ». Le riz est servi à tous les repas. Le « grain de vie » est tellement important pour les Japonais que ces derniers ont un dicton « *tsukiyo no kome no meshi* » ce qui se traduit par « clair de lune et riz bouilli » — on ne se lasse jamais de manger même un simple bol de riz au clair de lune. Dès que vous aurez appris à connaître la cuisine japonaise, vous apprécierez alors le plein sens de ce vieux dicton.

Contrairement au riz indien ou chinois, le riz japonais est de la variété à grains courts. Il est normalement bouilli et, une fois cuit, il colle. Il est essentiel de manger chaque grain de riz qui vous est servi, vu qu'on ne vous pardonnerait pas de gaspiller cet aliment vénéré.

Les poissons, les coquillages et les algues abondent, et les variétés disponibles sont nombreuses, donc il n'est pas surprenant que ces aliments jouent un rôle prépondérant dans la cuisine japonaise. Il y a pratiquement autant de types d'algues que de types de poissons.

Malgré la surface limitée disponible pour l'agriculture, les fruits et les légumes sont en abondance, y compris certains qui sont typiquement japonais. Comme il est de règle avec la plupart des aliments japonais, les légumes doivent être jeunes, tendres et absolument frais. La plupart des cuisiniers japonais font leur marché tous les jours afin de se procurer les meilleurs ingrédients et rejettent tout légume de qualité légèrement inférieure.

Les salades japonaises comprennent généralement des légumes cuits marinés ou vinaigrés, contrairement aux salades occidentales qui sont préparées à partir de légumes crus. La marinade est une façon importante de conserver un produit, et les légumes au vinaigre s'accommodent très bien aux goûts de la cuisine japonaise. Les sous-produits des légumes, tels ceux à partir des haricots de soja, jouent un rôle particulièrement important dans la cuisine japonaise : il n'existe pratiquement pas de plat qui soit complet sans l'adjonction de sauce de soja, et le tofu est énormément utilisé.

Il est essentiel d'utiliser le *shoyu,* sauce de soja japonaise, dans les recettes présentes ; utiliser de la sauce chinoise modifierait le goût du plat. Il en va de même pour le *miso,* pâte de soja fermentée, qui est totalement différente de la pâte de soja chinoise. Le *saké,* alcool de riz, est l'accompagnement traditionnel des aliments japonais. Il est servi chaud tout au long du repas. Le thé vert est une « habitude » nationale. Il est servi fréquemment en cours de journée et pendant les repas dans de fragiles tasses en céramique sans poignée. Le thé vert a un goût délicat et convient par conséquent fort bien à la cuisine japonaise.

Produits japonais

Aburage : pâte de haricots de soja frite, se trouve toute préparée en paquets ou congelée. Souvent découpée en fines tranches et utilisée dans les salades et les potages, ou ouverte en forme de poche puis farcie de *sushi* (riz vinaigré).
Agar-agar : appelée *kanten* au Japon, cette algue se présente sous forme de longues barres transparentes ou en poudre. Elle s'utilise en très petites quantités. Elle n'a pratiquement ni goût, ni couleur. On pourra la remplacer par de la gélatine en poudre : prévoir 4 cuillerées à soupe de gélatine pour 25 g d'agar-agar.
Akamiso : pâte de haricots de soja rouges.
Azuki : haricots rouges. On peut trouver des azuki sucrés en boîte.
Bardane : voir **Gobo.**
Beni-shoga : gingembre sucré mariné au vinaigre, généralement utilisé pour garnir les plats de *sushi* (riz vinaigré).
Châtaignes d'eau : tubercule d'une plante aquatique d'Asie, de la taille d'une noix et à la peau brune. A l'intérieur, la chair est blanche et croquante. Les châtaignes d'eau en boîte sont déjà pelées. La boîte ouverte, en changeant souvent l'eau, elles peuvent se conserver au réfrigérateur jusqu'à deux semaines.
Champignons séchés : connus au Japon sous le nom de *shiitake,* ces champignons (*Lentinus edodes*) sont vendus en sachets de plastique. Très parfumés, ils peuvent se conserver pratiquement indéfiniment dans un bocal étanche. Ils ont un parfum tout à fait différent des champignons frais. Faites-les tremper dans de l'eau chaude 25 à 30 minutes avant utilisation. Il est impossible de les remplacer par des champignons ordinaires.
Chou napa : le chou napa, également appelé hakusai, céleri-chou, chou chinois ou petsai, se trouve couramment en Occident ; c'est un cylindre de feuilles croquantes et serrées. Il est utilisé dans différents types de plats, y compris les plats frits, les salades, les ragoûts et les marinades.
Daikon : également connu sous le nom de radis japonais, le daikon est un long radis blanc à la texture croquante. Il est énormément utilisé comme garniture sous forme râpée, en tranches ou découpé. Il est également servi comme légume cuit. On pourra facilement le remplacer par du radis noir.
Dashi : préparé à partir de bonite séchée (*katsuobushi*) et d'algues (konbu), le dashi est le bouillon de base japonais que l'on utilise dans un grand nombre de recettes.
Farine de riz gluant : appelée *mochiko* au Japon. Elle est obtenue à partir de riz gluant moulu.
Feuilles de shiso : elles sont utilisées dans certains plats, comme le tempura de légumes, et également en tant que garniture.
Gâteaux de riz : préparés à partir de riz gluant bouilli et pilé, dont on forme de petits gâteaux blancs gluants. Ils sont grillés, puis consommés avec de la sauce de soja ou rajoutés aux potages.
Gingembre : la racine de gingembre frais est souvent connue sous le nom de « gingembre vert ». Avant utilisation, pelez-le, puis coupez-le en tranches, écrasez-le ou hâchez-le finement. Pour le conserver frais, pelez-le, lavez-le, puis mettez-le dans un bocal ; recouvrez de vinc blanc sec, fermez le bocal et mettez au réfrigérateur. Il n'est pas recommandé de remplacer la racine fraîche par du gingembre moulu, par contre, vous pouvez utiliser des racines de gingembre séché, auquel cas vous devrez réduire la quantité, étant donné que le goût est beaucoup plus fort.

1. Aburage (pâte de soja frit) 2. Garnitures assorties, dont daikon râpé, lamelles de zeste de citron, fleurs de carotte et de tomate, julienne de poivron vert et copeaux de gingembre au vinaigre 3. Algues assorties, sur une feuille de nori avec du kanpyo (lanières de courge séchée) 4. Nouilles de soba 5. Prunes séchées 6. Pignons 7. Noix de gingko 8. Azuki 9. Graines de sésame 10. Pâte de wasabi 11. Sushi assortis 12. Kakis séchés 13. Algues liées de kanpyo 14. Riz japonais à grains courts 15. Gâteaux de riz 16. Feuilles de shiso 17. Champignons shiitake 18. Huile de piments rouges 19. Œufs de caille 20. Sashimi assortis 21. Champignons enokitake 22. Racine de lotus 23. Fruits de mer assortis 24. Fruits et légumes assortis, dont gobo (bardane) et racines de lotus.

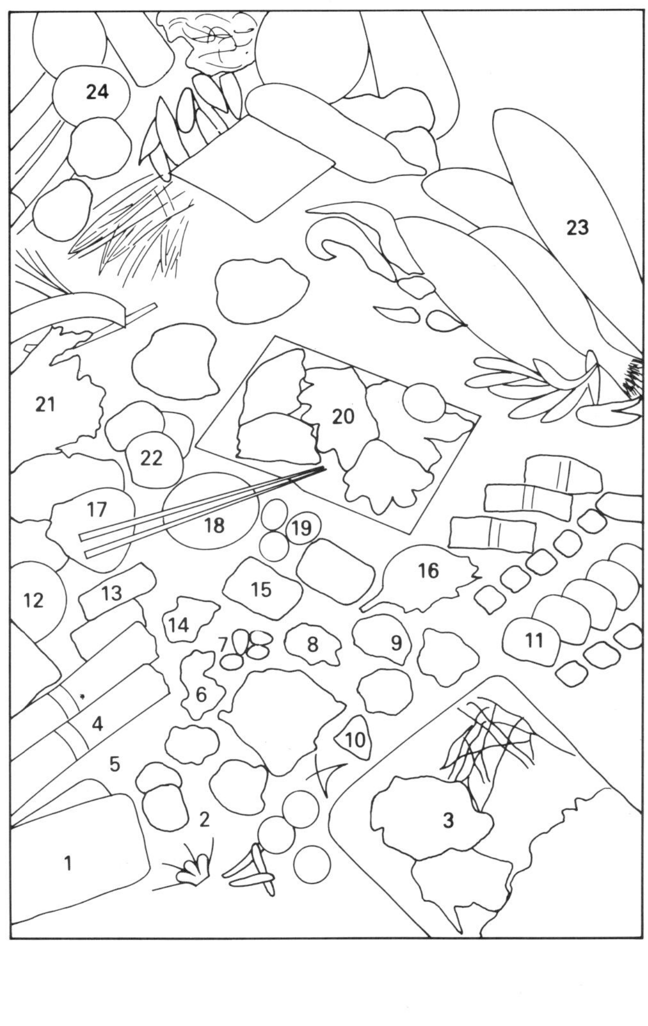

PRODUITS JAPONAIS

Gobo : la bardane est un légume bulbeux long et effilé, de texture croquante. On la trouve fraîche ou en boîte.
Goma : voir **Graines de sésame.**
Goma jio : pour préparer des graines de sésame salées, faites griller 1 cuillère à soupe de graines de sésame noir dans une poêle chaude jusqu'à ce qu'elles commencent à « sauter », tout en secouant constamment la poêle. Transférez-les dans un bol et saupoudrez de deux cuillerées à soupe de sel.
Hakusai : voir **Chou napa.**
Harusame : vermicelles de soja. Ils peuvent remplacer les vermicelles à base de farine de haricots mungo.
Hijiki : petites algues brunes.
Kanpyo : lanières de courge séchée, utilisées pour ficeler les aliments. Elles peuvent également être cuites avec des légumes ou du poisson. Il faut les saler et les faire tremper avant utilisation.
Kanten : voir **Agar-agar.**
Kasu : lie de saké, vendue par blocs de 2-2,25 kg dans les magasins de produits exotiques.
Katsuobushi : filet de bonite séchée. Sous sa forme émiettée, il s'agit de l'un des ingrédients essentiels de la cuisine japonaise, qui sert de condiment de base pour le *dashi.* Il est également utilisé comme garniture et on peut se le procurer sous sa forme émiettée.
Konbu : algue séchée. Il s'agit ici d'un ingrédient de base utilisé comme condiment pour le *dashi* et autres plats. Il peut également être utilisé comme légume séparément.
Konnyaku : pain gélatineux et épais préparé à partir de racines d'arum. Vendu en paquets ou en boîtes.
Matcha : il s'agit ici de la poudre de thé vert utilisée pour la cérémonie traditionnelle du thé au Japon. Elle est préparée à partir de jeunes feuilles de thé cueillies tout au début du printemps, qui sont ensuite traitées selon une méthode fort coûteuse et fastidieuse.
Mirin : vin de riz doux à faible teneur d'alcool. Il est utilisé dans de nombreux plats japonais afin d'y ajouter un goût sucré subtil. Si vous n'en trouvez pas, remplacez-le par 1 cuillère à café de sucre, pour chaque cuillère à soupe de mirin.
Miso : pâte de soja fermentée, faite de germes de soja cuits, écrasés avec du riz et du sel. Elle est énormément utilisée, tout particulièrement pour la soupe au miso. Il en existe divers « crus » : le miso blanc (ou léger) et le miso rouge en sont les types les plus courants.
Mochi gome : voir **Riz gluant.**
Mochiko : voir **Farine de riz gluant.**
Niboshi : petites sardines séchées, parfois utilisées pour la préparation du *dashi.*
Noix de gingko : les noix de gingko ont un goût et une texture délicats ; elles sont généralement vendues en boîte. Avant utilisation, enlevez la coquille et la peau.
Nori : feuilles de varech comestible séchées, les *nori* sont utilisées pour envelopper le *sushi* (riz vinaigré) et lorsqu'elles sont découpées en lamelles, en tant que garniture. Faites-les griller avant utilisation.
Nouilles : au Japon il existe toute une variété de types et de tailles de nouilles : *udon* : nouilles de blé épaisses, blanches, *somen* : fines nouilles de farine de blé, *soba* : nouilles de sarrasin et les *shirataki* qui sont des nouilles gélatineuses fabriquées à partir de farine d'igname. Voir également **Vermicelles de soja.**
Nouilles transparentes : voir **Vermicelles de soja.**
Pâte de haricots de soja : appelée *tofu* au Japon, cette pâte est préparée à partir d'une purée de haricots de soja. De consistance molle, de couleur blanche, elle a une texture similaire à celle du fromage, allant de ferme à « soyeux ». Le tofu est riche en protéines et contient peu de matières grasses, il est donc très nourrissant. Il a un goût assez fade, mais se marie très bien avec les autres ingrédients. Le tofu vendu frais, sous forme de galettes, se conservera parfaitement bien plusieurs jours pour autant qu'il soit tenu au réfrigérateur. Pour la pâte frite, voir **Aburage.**
Pâte de soja fermentée : voir **Miso.**
Panko : chapelure grossière.
Peaux de gyoza : elles sont de forme arrondie. On peut les remplacer par des peaux de hun-tun.
Poudre de sansho : cette épice moulue de couleur vert-brun est préparée à partir de la cosse du sansho. Cette poudre est utilisée en petites quantités pour l'assaisonnement des plats cuisinés.
Poudre de wasabi : également connue sous le nom de raifort japonais, la poudre de wasabi est en fait la racine râpée d'une plante aquatique. D'un goût très fort, elle est traditionnellement servie avec les plats de poisson cru. Vendue en tubes ou sous forme de poudre, la poudre de wasabi doit être mélangée à de l'eau froide avant utilisation.
Pousses de bambou : les jeunes pousses tendres qui apparaissent à la base des bambous sont récoltées à la fin de la saison des pluies, bouillies, puis mises en boîte. Après ouverture de la boîte, plongez-les dans de l'eau froide changée tous les jours ; vous pourrez ainsi les conserver sept jours.
Racine de lotus : appelée *renkon* au Japon, on la trouve fraîche, séchée ou en boîte.
Renkon : voir **Racine de lotus.**
Riz gluant : appelé *mochi gome* au Japon, et parfois également connu sous l'appellation de « riz collant ». Le riz à grains courts a tendance à devenir très collant lorsqu'il est cuit. Il est utilisé pour les farces, les gâteaux et les desserts.
Saké : vin de riz, obtenu par la fermentation de riz blanc cuit à la vapeur. Le saké est la boisson nationale du Japon. Le saké de moindre qualité est surtout utilisé pour cuisiner. A défaut, remplacez-le par du vin blanc.
Sauce de soja : obtenue à partir de haricots de soja fermentés, la sauce de soja est énormément utilisée dans tout l'Orient en tant qu'assaisonnement et condiment. La sauce de soja japonaise, appelée *shoyu,* a un goût totalement différent des autres et devra par conséquent toujours être utilisée dans la cuisine japonaise.
Sauce tonkatsu : sauce marron épaisse, préparée commercialement, à partir de fruits et de légumes mélangés à des épices et des assaisonnements. On pourra la remplacer par de la sauce de soja ou du ketchup.
Sésame : utilisé sous forme de graines pour relever le goût et la texture (le goût est accentué lorsque les graines sont grillées). La pâte, ou la sauce de sésame,

est obtenue en pilant les graines ; elle se trouve facilement dans le commerce sous l'appellation de *tahini.* L'huile de graines de sésame est utilisée pour son goût plutôt que pour la cuisine, vu qu'elle brûle facilement.
Shichimi : mélange de sept épices : piment, poivre noir, peau d'orange séchée, graines de sésame, graines de pavot, algues nori et graines de chanvre. Ces épices, moulus en poudre, sont employés en assaisonnement, surtout pour les nouilles.
Shiitake : voir **Champignons séchés.**
Shirataki : voir **Nouilles.**
Shiromiso : pâte de soja fermentée blanche.
Shoyu : voir **Sauce de soja.**
Soba : voir **Nouilles.**
Somen : voir **Nouilles.**
Su : voir **Vinaigre de riz.**
Tofu : voir **Pâte de haricots de soja.**
Tsukemono : légumes marinés japonais vendus en paquets sous vide ou dans des bocaux. On les trouve traditionnellement à tous les repas japonais.
Udon : nouilles de blé épaisses, blanches.
Vermicelles de soja : connus au Japon sous le nom de *saifun,* il s'agit ici de vermicelles préparés à partir de farine de haricots de soja. Laissez-les tremper dans l'eau 10 minutes avant utilisation.
Vinaigre de riz : connu au Japon sous le nom de *su,* il s'agit ici d'un vinaigre léger au goût délicat, utilisé tout particulièrement pour la préparation du *sushi* (riz vinaigré). Le vinaigre de riz, distillé à partir du riz blanc, est très aromatique. Si vous n'arrivez pas à vous en procurer, remplacez-le par du vinaigre blanc mélangé à de l'eau.
Wakame : jeunes algues formées de longues lanières et de texture lisse.

Menus

Petit déjeuner

Riz nature
Rouleaux de riz enveloppé dans des nori
Soupe de haricots
Salade pressée
Poisson mariné au miso
Thé vert

Déjeuner

Rouleaux de riz enveloppé dans des nori
Poulet teriyaki
Riz trois couleurs
Sardines dorées
Salade pressée
Fruits frais

Dîner en famille

Riz nature
Légumes marinés
Poulet aux légumes
Cabillaud cuit en donabe
Épinards au poisson
Soupe de haricots
Thé vert
Fruits frais

Dîner de réception

Sushi au maquereau
Soupe épaisse aux œufs
Rosbif à la japonaise
Concombre vinaigré
Légumes sauce tofu
Riz nature
Soupe de haricots
Salade de fruits
Thé vert

Repas de fête

Riz trois couleurs
Soupe de poulet au safran
Salade japonaise
Fleurs de pêchers
Boulettes de sardine
Tofu frit farci au sushi

Soupes et bouillons

Le fond de bouillon (dashi) est probablement l'ingrédient essentiel de toute cuisine japonaise ; c'est lui qui apporte ce goût subtil, distinctif des plats japonais. Il se compose de deux ingrédients de base, du poisson et des algues séchées. Presque chaque repas japonais comprend une soupe, en fait, la plupart des Japonais commencent leur journée par un bol chaud et nourrissant de soupe de haricots (miso-shiru). Il existe deux types principaux de soupes : les consommés, légers et délicats, et les soupes épaisses, pratiquement un repas à elles seules, basées sur le miso,
pâte de soja fermentée.

Bouillon

Dashi

25 g de konbu
25 g de katsuobushi

Placez le konbu dans une casserole de dimension moyenne, ajoutez 80 cl d'eau froide et laissez reposer pendant environ 10 minutes. Placez la casserole à feu doux et amenez progressivement à ébullition. Retirez le konbu juste avant l'ébullition.

Ajoutez immédiatement le katsuobushi et amenez rapidement à ébullition. Laissez frémir quelques secondes, puis retirez la casserole du feu. Laissez reposer environ 1 minute ; le katsuobushi doit se déposer sur le fond. Versez le bouillon dans un bol en le passant sur une serviette propre.

Note : le bouillon est très utilisé dans la cuisine japonaise. Il est facile à préparer, seuls deux ingrédients de base étant nécessaires pour lui procurer son fumet caractéristique. On peut se procurer du bouillon en poudre, ou *dashi no moto,* dans les épiceries exotiques.

Pour 80 cl de bouillon

Consommé aux crevettes

Sumashi-juri

4 grosses crevettes sans tête, décongelées
1 cuillère à café de sel
un peu de maïzena, pour l'enrobage
40 g de somen
50 cl de bouillon (page 12)
1/2 cuillère à café de shoyu
4 brins de cresson pour la garniture

Lavez et décortiquez les crevettes, en ne conservant la carapace qu'au bout de la queue. Retirez le boyau noir dorsal. Séchez-les et saupoudrez-les d'un peu de sel, puis de maïzena. Plongez-les dans une casserole d'eau bouillante 30 secondes, égouttez-les, puis mettez-les de côté. Faites cuire les nouilles 3 minutes dans une casserole d'eau bouillante ; égouttez-les et rincez-les dans de l'eau froide, puis égouttez-les à nouveau.

Portez le bouillon à ébullition dans une casserole de dimension moyenne. Assaisonnez avec le shoyu et le sel restant. Répartissez les crevettes et les nouilles dans 4 bols préalablement chauffés, puis versez le bouillon dans les bols. Garnissez avec les brins de cresson et servez.

Consommé aux crevettes, soupe épaisse aux œufs

Soupe épaisse aux œufs

Chawan mushi

100 g de blancs de poulet sans la peau
4 cuillères à café de saké
1 1/2 cuillère à café de shoyu
8 crevettes non décortiquées, décongelées si nécessaire
sel
4 mange-tout
50 cl de bouillon (page 12)
1 cuillère à café de mirin
3 œufs battus
8 petits champignons de Paris, essuyés

Découpez le poulet en fines lamelles, puis arrosez avec 1 cuillère à café de saké et 1/2 cuillère à café de shoyu. Lavez et décortiquez les crevettes en enlevant, si nécessaire, le boyau noir dorsal. Arrosez les crevettes avec le reste du saké et une pincée de sel. Plongez les mange-tout dans une casserole d'eau légèrement salée une minute, puis égouttez.

Portez le bouillon à ébullition dans une casserole de dimensions moyennes. Ajoutez 1/2 cuillère à café de sel, le mirin et le reste du shoyu. Retirez du feu et laissez refroidir 5 minutes, puis ajoutez les œufs battus.

Répartissez le poulet dans quatre tasses à chawan mushi ou dans quatre grandes tasses à café (voir la note) puis versez la soupe aux œufs. Ajoutez 2 champignons, 2 crevettes et un mange-tout dans chaque tasse.

Placez les tasses dans une marmite à vapeur et étuvez pendant 2 minutes. Passez sur feu modéré, puis étuvez 12 à 14 minutes supplémentaires. En variante, si vous ne disposez pas d'une marmite à vapeur, placez les tasses dans un plat à four peu profond à moitié rempli d'eau. Recouvrez de papier aluminium et placez au four préchauffé à 220 °C 5 minutes, ensuite diminuez le feu et passez sur 180 °C pendant 20-25 minutes. Servez la soupe immédiatement.

Note : vous trouverez des tasses traditionnelles pour chawan mushi dans les magasins japonais et autres magasins de produits exotiques. Les prix varient en fonction de la qualité et du design de la porcelaine. Il en existe toutefois qui ne sont pas trop chères, et très attrayantes sur une table lorsqu'on a des invités. Si vous ne voulez pas faire de frais supplémentaires, vous pouvez utiliser de grandes tasses à café, pour autant que la circonférence du rebord soit égale à la base, ceci afin de permettre une bonne répartition de la soupe.

Soupe de haricots

Miso-shiru

25 g de niboshi
1-2 paquets de wakame
4 cuillères à soupe de miso
50 g de tofu bien ferme
2 ciboules, finement hâchées

Pour le bouillon, mettez les niboshi dans une casserole, ajoutez 50 cl d'eau. Sur feu vif portez rapidement à ébullition, puis laissez mijoter 5 à 10 minutes, selon l'arôme requis. Retirez du feu, passez sur une serviette propre, puis reversez dans la casserole rincée. Jetez les niboshi.

Placez les wakame dans un bol et recouvrez-les d'eau froide. Laissez tremper 5 à 10 minutes, jusqu'à ce qu'elles soient entièrement gonflées ; égouttez et mettez de côté. Placez le miso dans un petit bol et délayez avec quelques cuillères de bouillon. Replacez la casserole de bouillon sur le feu. Juste avant l'ébullition, ajoutez le miso dilué et laissez frémir à feu modéré. Découpez le tofu en petits cubes et ajoutez-le dans la casserole avec les wakame. Portez à ébullition, puis retirez la soupe du feu et ajoutez les ciboules finement hâchées. Servez chaud dans des bols individuels préalablement chauffés.

Soupe pluie de printemps

Soupe harusame

2-3 shiitake séchés
100 g de haricots mungo déshydratés ou de harusame jetés dans de l'eau bouillante et trempés 30 minutes
1 l de bouillon dashi (page 12) ou de bouillon de poule
1 cuillère à soupe de saké
sel
100 g de crevettes décortiquées
6-8 mange-tout
1 gobo blanchi à l'eau bouillante (facultatif)
4-6 ciboules
2 carottes, pelées
quelques tranches de concombre
100 g de napa (chou chinois)
quelques feuilles d'épinards

Pour la garniture :
1 cuillère à café de gingembre frais râpé
1 ciboule hachée fin
2 cuillères à café de purée de daikon (radis japonais)

Laissez tremper les champignons dans de l'eau bouillante 20 minutes. Égouttez les haricots mungo et découpez-les en tronçons de 5 cm de long.

Égouttez les champignons en conservant le liquide, et jetez les queues. Placez le bouillon dans une casserole. Versez lentement le liquide des champignons, pour que reste au fond le sable que vous jetterez. Portez à ébullition, puis passez sur feu modéré et laissez mijoter environ 2 minutes. Ajoutez le saké et le sel selon votre goût.

Répartissez le bouillon dans 4 bols individuels préalablement chauffés. Disposez les autres ingrédients de façon attrayante sur un plat, en découpant, le cas échéant, les légumes selon diverses formes inhabituelles. Placez les ingrédients de garniture dans des plats séparés. Servez immédiatement.

Soupe de poulet au safran

Safuran sumashi

100 g de blancs de poulet, la peau retirée
un peu de maïzena, pour l'enrobage
50 cl de bouillon de poule
1 arête entière d'un poisson blanc plat
quelques brins de safran
sel
poivre fraîchement moulu
4 brins de cresson pour la garniture

Découpez les blancs de poulet en carrés d'environ 2-3 cm, puis recouvrez légèrement avec de la maïzena. Plongez le poulet dans une casserole d'eau bouillante 5 minutes ; il doit être cuit.

Entre-temps, portez le bouillon à ébullition dans une casserole séparée, ajoutez l'arête de poisson et faites bouillir à feu doux 5 minutes. Retirez l'arête et jetez-la. Ajoutez le safran au bouillon, salez et poivrez selon votre goût.

Égouttez les morceaux de poulet, répartissez-les dans quatre bols préalablement chauffés et versez la soupe au safran. Garnissez avec le cresson et servez.

Note : l'adjonction de safran confère à cette soupe une couleur jaune délicate qui contraste avec le blanc de poulet.

Soupe aux œufs simple

Katitama-jiru

1,2 l de bouillon (page 12)
1 cuillère à café de shoyu
2 cuillères à soupe de maïzena
2 cuillères à café de sel
2 œufs
1 morceau de gingembre, pelé et râpé
1 branche de persil

Portez le bouillon à ébullition dans une casserole. Mélangez la sauce de soja, la maïzena et le sel, puis ajoutez au bouillon. Laissez mijoter et épaissir, tout en remuant. Battez les œufs jusqu'à ce qu'ils soient bien mousseux. A l'aide d'une écumoire étalez-les sur la surface de la soupe en train de mijoter, pour qu'ils flottent et ne coulent pas au fond. Ajoutez le gingembre et le persil avant de servir.

Soupe pluie de printemps

Riz et nouilles

Le riz est bien plus qu'un simple accompagnement pour les Japonais, qui le considèrent comme l'élément le plus important de tout repas ; il figure même au petit déjeuner. Les sushi, préparés à partir de riz vinaigré (sumeshi), sont très populaires au Japon. Ils ne sont pas difficiles à préparer chez soi, pour autant que l'on utilise des ingrédients très frais. Les nouilles, considérées comme un mets « paysan », ne sont jamais incorporées à un repas officiel japonais. Toutefois, les plats à base de nouilles de tous types sont très populaires et, au Japon, la plupart des petits restaurants servent des nouilles.

Riz vinaigré

Sumeshi

350 g de riz court japonais
5 cl de vinaigre de riz
1 1/2 cuillère à soupe de sucre
1 cuillère à café de sel

Lavez le riz abondamment dans plusieurs eaux. Égouttez sur un plat en bambou ou dans une passoire à mailles fines, environ 1 heure. Lorsqu'il est prêt pour la cuisson, transférez le riz dans une casserole profonde (le riz ne devra pas en remplir plus d'un quart). Ajoutez 45 cl d'eau froide et portez à ébullition sur feu vif. Baissez le feu, couvrez et laissez mijoter lentement 15 minutes environ ; le riz doit absorber l'eau. Ne soulevez le couvercle qu'une seule fois lors de la cuisson.

Retirez du feu et laissez bien couvert 10-15 minutes. Mélangez le vinaigre, le sucre et le sel dans un bol, jusqu'à dissolution totale.

Transférez le riz dans un grand bol (non métallique) et versez le mélange de vinaigre sur le riz, en l'incorporant délicatement à l'aide d'une spatule en bois ou d'une palette à riz japonaise, sans tourner. Laissez refroidir à température ambiante avant utilisation.

Note : le terme *sushi*, dérivé de *sumeshi*, est utilisé pour tous les plats de *sushi*. Le nigiri-sushi (une poignée de sushi, page 18), qui consiste en une noix de *sumeshi*, compressé, couronnée d'un morceau de poisson, est le plus connu des *sushi*. Du riz vinaigré au goût spécial, le *sushi-su*, destiné à la préparation du *sumeshi*, peut être acheté dans les épiceries exotiques.

Riz sauté

Itame gohan

1 cuillère à soupe d'huile végétale
1 oignon moyen, haché fin
1 petit poivron vert, évidé et haché
1 petite gousse d'ail, écrasée
500 g de riz cuit à la vapeur
1 œuf, battu
2 cuillères à soupe de shoyu

Dans l'huile chaude d'une poêle, faites fondre l'oignon, le poivron vert et l'ail. Ajoutez le riz et faites chauffer. Ajoutez l'œuf et le shoyu et laissez cuire, tout en remuant, 2 à 3 minutes.

Pour 6 personnes

Sushi aux cinq ingrédients

Sushi aux cinq ingrédients

Gomoku-sushi

1 petit maquereau, les filets levés
sel
vinaigre de riz
3 shiitake séchés
1 carotte moyenne, pelée et râpée
5 cuillères à soupe de sucre
3 cuillères à soupe de shoyu
2 cuillères à soupe de mirin
50 g de mange-tout, cuits
2 œufs
1 cuillerée à soupe d'huile végétale
riz vinaigré (page 16), préparé à partir de 350 g de riz
beni-shoga râpé
1 feuille de nori (facultatif)

Saupoudrez les filets de maquereau de sel et laissez reposer 3 à 4 heures. Ensuite lavez avec du vinaigre de riz (pour enlever le sel). Avec les doigts, en partant de la queue, retirez la peau transparente de chaque filet, sans abîmer les rayures argentées. Enlevez toutes les arêtes au centre des filets. Coupez la chair en tranches fines, couvrez et mettez de côté.

Faites tremper les champignons dans de l'eau chaude 25 minutes, puis égouttez ; conservez 12 cl du liquide. Séchez les champignons, jetez les queues, puis hachez finement les têtes. Placez les champignons et la carotte dans une casserole avec trois cuillères à soupe de sucre, le shoyu et le mirin. Laissez mijoter jusqu'à absorption totale du jus. Découpez les mange-tout en fines lamelles.

Battez les œufs dans un petit bol, ajoutez le reste de sucre et une pincée de sel. Chauffez l'huile dans une poêle épaisse. Versez-y la moitié des œufs battus et inclinez la poêle pour qu'ils s'étalent. Laissez cuire à feu très doux 30 secondes ; quand la surface est sèche, posez l'omelette retournée sur une planchette et laissez-la refroidir. Répétez la même opération pour le reste du mélange, puis découpez en fines lamelles de 5 cm de long.

Mettez le riz vinaigré dans un grand bol (non métallique). Ajoutez les champignons, la carotte, les mange-tout, le maquereau et le beni-shoga râpé. A l'aide d'une spatule en bois introduisez délicatement les ingrédients dans le riz, sans tourner. Garnissez avec les lamelles d'omelette. Si vous utilisez des nori, grillez-les à feu très doux quelques secondes, puis découpez-les en fines lamelles de 4 cm à l'aide d'un couteau parfaitement affûté et disposez-les sur le riz avant de servir froid.

Note : *gomoku* signifie « cinq espèces ». Bien que cinq types d'ingrédients suffisent pour préparer ce plat, généralement les Japonais ne se limitent pas à ce nombre. Le riz servi sous cette forme est réservé aux grandes occasions.

Riz nature à la vapeur

Gohan

500 g de riz japonais à grain court ou moyen
70 cl d'eau

Lavez le riz abondamment à l'eau froide sous un jet, en le frottant entre les paumes de la main. Égouttez et répétez environ trois fois la même opération, jusqu'à ce que l'eau devienne claire. Laissez égoutter dans une passoire environ 20 minutes.

Mettez le riz dans une casserole épaisse, ajoutez l'eau, couvrez et portez rapidement le contenu de la casserole à ébullition. Passez sur feu moyen et laissez mijoter 20 minutes, moment auquel la plus grande partie de l'eau aura été absorbée ; ne soulevez pas le couvercle. Augmentez le feu et laissez cuire environ 20 secondes, puis retirez la casserole du feu. Laissez reposer 10 minutes, sans enlever le couvercle. Ensuite remuez le riz avec une palette à riz ou une fourchette mouillée. Servez chaud dans des bols à riz individuels ou dans un grand plat.

Pour 4 à 6 personnes

Note : les Japonais préfèrent le riz à grain court ou moyen, parce qu'il cuit en une masse qui se tient, sans pour autant coller. Ce type de riz a une texture totalement différente de celle du riz à grain long, lequel tend à être beaucoup plus sec lorsque les grains sont séparés.

Au Japon on consomme généralement un bol de riz avec chaque repas. Il est habituellement servi nature avec les entrées et les plats d'accompagnement. Il existe cependant certains plats spéciaux qui utilisent le riz avec diverses combinaisons de viande, de poisson, de volaille et de légumes.

La quantité d'eau requise pour la cuisson du riz dépendra de son origine et de la durée de stockage après sa récolte ; celle indiquée ici n'est donc fournie qu'à titre approximatif. Si vous avez la chance de posséder une marmite à vapeur électrique vous obtiendrez toujours un riz parfait. Lors de la cuisson on n'ajoute pas de sel au riz nature.

Calmars farcis au riz

Ika gohan

175 g de riz gluant
4 petits calmars, nettoyés, les tentacules séparés
7 cl de shoyu
7 cl de saké
7 cl de mirin
2-3 cm de gingembre frais, pelé et émincé
brins de persil pour la garniture

Lavez le riz gluant, placez-le dans un bol et recouvrez-le d'eau. Laissez reposer toute une nuit.

Le jour suivant placez les tentacules des calmars dans une casserole avec le shoyu, le saké et le mirin. Portez à ébullition, laissez cuire 2 minutes, puis retirez du feu. Sortez les tentacules du liquide à l'aide d'une écumoire, puis hachez-les finement. Conservez le liquide de cuisson.

Égouttez le riz, puis mélangez-le aux tentacules hachés. Ensuite farcissez les calmars, sans trop tasser sinon le calmar risque de s'ouvrir en cours de cuisson. Fermez les calmars et maintenez-les avec des piques à cocktail.

Posez les calmars farcis côte à côte dans une cocotte à fond épais. Versez le liquide de cuisson des tentacules, rajoutez le gingembre en tranches et portez à ébullition. Couvrez et laissez mijoter environ 40 minutes, jusqu'à ce que les calmars soient tendres. Retirez du feu et laissez les calmars refroidir dans la sauce.

Découpez les calmars en rondelles. Disposez sur un grand plat et garnissez avec des brins de persil.

Note : il s'agit ici de la meilleure méthode de préparation de l'Ika gohan ; le riz étant cuit à l'intérieur des calmars, absorbe bien le goût délicieux du calmar et de la sauce de cuisson.

Sushi au thon

Nigiri-sushi

1 cuillère à soupe de vinaigre de riz (environ)
700 g de riz vinaigré (page 16)
environ 2 cuillères à soupe de wasabi, mouillé d'eau pour obtenir une pâte
environ 35 petites tranches de thon cru frais (ou de bar)

Pour la garniture :
quelques brins de persil
quelques brins de beni-shoga
shoyu selon le goût

Humidifiez vos deux mains avec un peu de vinaigre de riz. Prenez deux cuillères à soupe de riz dans une main et de l'autre comprimez le riz pour former de petites boulettes ovales d'environ 5 cm de long. Étalez sur chacune un peu de wasabi, puis recouvrez avec une tranche de poisson, en appuyant fermement. Répétez l'opération avec le riz, le wasabi et le poisson restant, afin de préparer environ 35 petites boulettes.

Disposez les sushi sur un plateau et garnissez avec le persil et le beni-shoga. Servez le shoyu séparément, comme condiment pour le poisson. Servez froid avec beaucoup de thé vert.

Pour environ 35 sushi

Note : le poisson peut être remplacé par des crevettes. Celles-ci seront pelées, déveinées et brièvement bouillies ; insérez une pique cocktail le long des crevettes afin d'empêcher qu'elles ne se replient. Ouvrez-les dans la longueur tout en gardant le dos intact, puis posez-les à plat sur le wasabi.

Une autre variante consiste à servir les boulettes de riz recouvertes de petits rectangles d'une fine omelette. C'est un excellent hors-d'œuvre.

Sushi au maquereau

Saba-sushi

1 gros maquereau frais, découpé en filets
sel
vinaigre de riz
riz vinaigré (page 16), préparé à partir de 350 g de riz et 45 cl d'eau

Pour la garniture :
beni-shoga
ciboulette hachée

Placez les filets de maquereau sur un lit de sel, ensuite recouvrez-en entièrement le poisson. Laissez reposer plusieurs heures ou une nuit. Retirez les filets et enlevez le sel avec des serviettes en papier. Lavez ce qui reste au vinaigre de riz. En partant de la queue, retirez la peau transparente de chaque filet, sans abîmer la partie argentée. Ôtez toutes les arêtes qui pourraient se trouver dans les filets.

Placez ceux-ci, le côté peau tourné vers le bas, sur une planche. Enlevez de la chair au centre, afin d'obtenir des épaisseurs uniformes. Conservez les tranches ainsi obtenues. Placez un des filets, le côté peau tourné vers le bas, sur le fond d'un moule en bois ou d'un moule à pain métallique, recouvert d'une large feuille de film adhérent. Remplissez tout vide avec quelques-unes des tranches de chair mises de côté. Pressez fermement le riz vinaigré sur le poisson avec les mains. Recouvrez avec le dernier filet de maquereau, le côté peau tourné vers le haut, et comblez tout espace avec la dernière tranche de chair épaisse. Placez le couvercle en bois sur le moule (ou enveloppez dans la feuille de film adhérent) puis placez un poids au-dessus. Laissez le sushi au maquereau dans son film adhérent au frais (pas dans le réfrigérateur) pour quelques heures ou toute la nuit. Sortez du moule, enlevez le film et découpez en petits morceaux. Garnissez avec du beni-shoga et de la ciboulette, et servez froid.

Note : cette combinaison de maquereau frais et de riz vinaigré mérite bien le temps et les efforts consacrés à sa préparation. On pourra acheter des moules en bois spéciaux destinés à la préparation du saba-sushi, bien qu'un moule à pain métallique recouvert d'un film adhérent convienne parfaitement. Le saba-sushi constitue un hors-d'œuvre très apprécié.

Sushi au maquereau, riz trois couleurs (page 22)

Rouleaux de riz enveloppé dans des feuilles de nori

Nori-maki

25 g de kanpyo en paquet, découpé en morceaux de 15 cm
sel
6 cuillères à soupe de sucre
6 cuillères à soupe de shoyu
5-6 feuilles de nori
3 shiitake séchés
1 carotte moyenne, pelée et râpée
2 cuillères à soupe de mirin
100 g de feuilles d'épinard frais, lavées et coupées
riz vinaigré (page 16), préparé à partir de 500 g de riz et de 70 cl d'eau
beni-shoga haché pour la garniture (facultatif)

Omelette aux œufs épaisse :
2 œufs
3 cuillères à soupe de bouillon (page 12)
2 cuillères à soupe de sucre
1 cuillère à soupe d'huile végétale

Copeaux de poisson :
1 filet de poisson blanc (morue, haddock ou merlan)
1 1/2 cuillère à soupe de saké
1 1/2 cuillère à soupe de sucre
colorant alimentaire rouge

Placez le kanpyo dans une casserole, ajoutez une cuillère à café de sel et quelques gouttes d'eau, ensuite exprimez avec les doigts. Rincez le sel, recouvrez d'eau et laissez tremper 20 minutes. Mettez la casserole sur le feu et laissez bouillir jusqu'à ce que le kanpyo soit suffisamment mou pour casser lorsqu'il est pincé entre les doigts, ensuite égouttez. Ajoutez la moitié du sucre et du shoyu, ensuite laissez mijoter jusqu'à disparition totale du jus. Sortez du feu et mettez de côté.

Faites griller légèrement les feuilles de nori, sur les deux côtés, en les plaçant sous un gril à feu très doux. Cela fera ressortir leur saveur. Sortez du gril et mettez de côté.

Pour l'omelette, battez les œufs dans un bol, ajoutez le bouillon, le sucre et 1/4 de cuillère à soupe de sel, puis battez bien afin d'obtenir un mélange uniforme. Chauffez l'huile dans une poêle à fond épais (de préférence carrée). Versez un tiers des œufs battus, faites cuire jusqu'à ce que l'omelette soit bien prise, puis pliez-la en deux. Graissez la moitié vide de la poêle avec une serviette en papier imbibée d'huile. Versez le reste du mélange d'œufs battus dans la moitié vide de la poêle et faite cuire. Repliez sur la moitié précédente, ensuite enlevez ce « sandwich » d'omelette de la poêle. Laissez refroidir, ensuite découpez en lamelles d'environ 5 mm d'épaisseur.

Pour les copeaux de poisson, mettez le filet dans une casserole, ajoutez juste assez d'eau pour recouvrir, puis portez à ébullition. Égouttez. A l'aide de deux paires de *hashi* (baguettes) ou d'une fourchette, émiettez le poisson en copeaux. Placez le saké dans une poêle peu profonde avec le sucre, 1/4 de cuillère à soupe de sel et suffisamment de colorant, dilué dans un peu d'eau, de façon à ce que le mélange devienne légèrement rose. Ajoutez les copeaux de poisson, placez sur un feu très doux et laissez cuire 2 minutes, en remuant sans arrêt. Sortez du feu et laissez refroidir.

Laissez tremper les champignons à l'eau chaude 25 minutes, égouttez-les et conservez 12 cl du liquide de trempage. Faites sortir l'eau des champignons, jetez les queues trop dures, puis hachez finement le reste. Placez ce hachis et la carotte dans une casserole avec le reste du sucre et du shoyu, le mirin et le liquide conservé. Laissez mijoter à feu très doux jusqu'à absorption totale du jus.

Faites blanchir légèrement les épinards dans de l'eau salée une minute. Égouttez, puis exprimez l'eau à la main.

Placez une feuille de nori, le côté le plus court vers vous, sur un makisu (set de table en bambou). Placez une demi-feuille de nori, en travers, au centre en haut (ce n'est pas strictement nécessaire, mais cela peut empêcher l'enveloppe de casser). Étalez 200-225 g de riz vinaigré sur le nori, tout en laissant une bande de 1 cm sur le côté le plus proche de vous, ainsi que sur le côté opposé. Pressez le riz vinaigré sur le nori. Placez un quart du kanpyo et un tiers des lamelles d'omelette, des copeaux de poisson, des champignons, des carottes et des épinards transversalement, à environ 5 cm du côté le plus éloigné de vous.

Repliez le makisu à partir du côté le plus proche de vous, de sorte que les ingrédients se trouvent au centre du riz vinaigré. Appuyez légèrement, avec les doigts, sur le makisu roulé. Répétez l'opération avec des feuilles de nori supplémentaires et les mêmes ingrédients, afin de préparer en tout 3 nori-maki épais.

Avec le riz vinaigré, le kanpyo et les feuilles de nori qui restent préparez un nori-maki moins épais : placez une demi-feuille de nori sur un makisu, le côté le plus long étant le plus proche de vous. Posez une poignée de riz vinaigré sur le nori, puis pressez-le avec les doigts, en laissant une bordure de 5 mm sur le côté le plus proche de vous et une bordure de 1 cm sur le côté opposé. Placez 1 ou 2 lamelles de kanpyo transversalement au centre, puis repliez le makisu à partir du côté le plus proche de vous.

Pour servir découpez les nori-maki épais en 6 ou 8 morceaux et les moins épais en 4 ou 6. Disposez-les sur un plat en bois, un set en bambou ou un plateau, puis garnissez avec du beni-shoga haché. Servez froid.

Note : vous pouvez utiliser pratiquement n'importe quel ingrédient pour autant qu'il soit attrayant : toute couleur s'harmonise avec le blanc éclatant du sumeshi. Des lamelles de concombre font l'affaire de même que des lamelles de thon cru, des œufs de saumon, du jambon, du fromage et du tsukemono (légumes japonais marinés).

Rouleaux de riz enveloppé dans des feuilles de nori

Riz trois couleurs

Sanshoku gohan

500 g de riz à grain court japonais
copeaux de poisson comme pour les rouleaux de riz enveloppé dans des feuilles de nori (page 20)

Copeaux de viande :
2 cuillères à soupe de shoyu
2 cuillères à soupe de bouillon (page 12)
1 1/2 cuillère à soupe de sucre
1 cuillère à soupe de saké
1 cuillère à soupe de mirin
1 cuillère à café de gingembre frais haché fin
225 g de poulet ou de bœuf haché

Lamelles d'œufs :
4 œufs
1 1/2 cuillère à soupe de sucre
1 cuillère à soupe de saké
1 cuillère à soupe d'huile végétale
1/2 cuillère à café de shoyu
1 grosse pincée de sel

Pour la garniture :
4 grosses crevettes cuites, non pelées
6 mange-tout, cuits et coupés en deux
tranches de citron

Préparez du riz bouilli nature comme pour le riz vinaigré (page 16), avec 70 cl d'eau.

Pour les copeaux de viande, mettez tous les ingrédients, sauf la viande, dans une casserole, puis portez à ébullition. Ajoutez la viande et remuez. Faite cuire à feu doux, en remuant constamment, jusqu'à absorption totale du jus. Sortez du feu, couvrez et maintenez chaud.

Pour les lamelles d'œufs, battez les œufs dans une casserole, ajoutez le reste des ingrédients et faites cuire à feu modéré, en remuant constamment, jusqu'à ce que les œufs soient brouillés. Sortez du feu et remuez pendant 30 secondes.

Mettez le riz chaud dans 3 bols individuels et garnissez avec les copeaux de poisson, de viande et d'œufs, les crevettes, les moitiés de mange-tout et les tranches de citron. Servez chaud.

Riz aux clovisses

Asari gohan

500 g de riz à grain court japonais
225 g de clovisses
sel
5 cm de gingembre frais en tranches
3 cuillères à soupe de shoyu
2 cuillères à soupe de mirin
1 cuillère à soupe de saké
2 cuillères à soupe de sucre

Préparez du riz bouilli nature comme pour le riz vinaigré (page 16) avec 70 cl d'eau.

Lavez les clovisses à l'eau salée, puis égouttez-les. Pelez et coupez le gingembre en tranches. Mettez le shoyu, le mirin, le saké et le sucre dans une casserole, puis portez à ébullition. Ajoutez les clovisses et les tranches de gingembre, portez à nouveau à ébullition, puis passez sur feu modéré. Écumez, puis faites cuire lentement jusqu'à ce que les clovisses aient absorbé la totalité du jus.

Répartissez le riz chaud dans quatre bols à nouilles, disposez les clovisses cuites au-dessus et servez immédiatement.

Note : il s'agit ici d'un plat servi au repas de midi.

Bol de la famille

Oyako donburi

500 g de riz à grain court japonais
2 oignons moyens
4 ciboules
225 g de blancs de poulet, sans la peau
40 cl de bouillon (page 12)
5 cuillères à soupe de shoyu
2 cuillères à soupe de saké
1 cuillère à soupe de mirin
1 cuillère à soupe de sucre
4 œufs, battus
cresson, grossièrement haché, pour la garniture

Préparez du riz bouilli nature comme pour le riz vinaigré (page 16) avec 70 cl d'eau. Coupez les oignons en tranches fines. Coupez les ciboules en deux dans le sens de la longueur, conservez la partie verte, ensuite découpez le reste en tranches de 5 cm de long. Découpez le poulet en petits morceaux de la taille d'une bouchée. Mélangez le bouillon avec le shoyu, le saké, le mirin et le sucre, remuez bien le tout.

Versez un quart du bouillon dans une petite poêle à fond épais ou une poêle à crêpes. Ajoutez un quart des oignons hachés fin et portez à ébullition, ensuite ajoutez un quart de la viande de poulet et faite cuire 2 minutes. Ajoutez un quart des ciboules, faites cuire quelques secondes, puis versez un quart des œufs battus. Faites cuire jusqu'à ce que l'ensemble soit tout juste pris.

Sortez la poêle du feu, saupoudrez d'un petit peu de cresson haché, puis retirez de la poêle. Répétez l'opération avec les ingrédients restants de façon à obtenir au total 4 oyako-donburi. Répartissez le riz chaud dans 4 plats individuels, déposez-y le mélange poulet et œufs, puis garnissez avec la ciboule mise de côté et le reste du cresson.

Note : « bol de la famille » est la traduction littérale de *oyako*, et ce plat est ainsi nommé parce que la recette comporte à la fois du poulet et des œufs. *Donburi* se réfère souvent à un grand bol de riz sur lequel on dépose de la volaille, de la viande ou du poisson.

Tofu frit farci au sushi

Inari sushi

350 g de riz à grain court japonais
1 1/2 cuillère à soupe de mirin
20 g de kanpyo
sel
14 cl de bouillon (page 12)
1 1/2 cuillère à soupe de shoyu
4 cuillères à café de sucre
5 cl de vinaigre de riz
50 g de tsukemono, haché fin
10 morceaux d'aburage
feuilles de bambou pour la garniture

Lavez le riz dans au moins trois eaux, jusqu'à ce que cette dernière devienne claire. Égouttez, puis placez dans une grande casserole. Versez 40 cl d'eau froide fraîche et laissez le riz tremper 2 heures.

Ajoutez le mirin, couvrez et placez à feu vif. Portez à ébullition, puis laissez mijoter 10 à 15 minutes, toute l'eau doit avoir été absorbée. Sortez du feu et laissez reposer, couvert, 15 minutes.

Humidifiez un petit peu le kanpyo et, avec les mains, frottez-le avec une grande quantité de sel. Lavez abondamment pour enlever le sel, puis placez le kanpyo dans une petite casserole, recouvrez d'eau froide et portez à ébullition. Laissez mijoter 5 minutes jusqu'à ce que le kanpyo se ramollisse, ensuite égouttez. Ajoutez le bouillon au kanpyo, ainsi que le shoyu et la moitié du sucre. Laissez mijoter lentement cinq minutes supplémentaires, puis sortez du feu et mettez de côté.

Mettez le riz cuit dans un grand bol. Mélangez le vinaigre de riz, le restant du sucre et 1 grosse pincée de sel. Incorporez doucement le tsukemono dans le riz à l'aide d'une spatule, sans tourner.

Découpez chaque morceau d'aburage en deux et ouvrez avec les doigts afin de former une poche. Remplissez ces poches aux deux tiers avec le mélange de riz. Attachez chacune avec un copeau de kanpyo cuit de 15 cm. Disposez sur un lit de feuilles de bambou et servez.

Pour 4 à 6 personnes

Note : on peut se procurer les feuilles de bambou dans certaines épiceries orientales ; si vous n'arrivez pas à en trouver, utilisez toutes autres feuilles longues en remplacement, telle de la romaine.

Bol de la famille, nouilles dans une soupe aux œufs (page 24)

Potage aux nouilles

Tsukimi udon

500 g de udon
1 l de bouillon (page 12)
1 cuillère à soupe de sucre
2 cuillères à café de sel
1 cuillère à soupe de shoyu
4 œufs

Pour la garniture :
2 ciboules hachées fin
un morceau carré de 12 cm de nori, grillé et émietté

Plongez les nouilles dans une grande casserole d'eau bouillante, tout en remuant constamment. Portez à ébullition, puis rajoutez 25 cl d'eau froide. Portez à nouveau à ébullition, puis faites cuire les nouilles 10 à 12 minutes jusqu'à ce qu'elles soient croquantes. Égouttez, puis rincez abondamment sous un robinet d'eau froide, égouttez à nouveau.

Mettez le bouillon, le sucre, le sel et le shoyu dans une grande casserole et remuez bien le tout. Portez à ébullition sur feu vif et ajoutez les nouilles. Portez à nouveau à ébullition tout en remuant constamment, puis laissez cuire jusqu'à ce que les nouilles soient tendres. Versez dans des bols individuels réchauffés, puis cassez un œuf dans chacun. Recouvrez-les de couvercles, la chaleur des nouilles fera cuire les œufs. Garnissez avec les ciboules et le nori. Servez chaud.

Note : au Japon on consomme énormément de nouilles, et toujours avec grand plaisir. L'étiquette veut qu'on les avale à grand bruit. L'œuf que l'on dispose sur les nouilles ressemble à une pleine lune — c'est pourquoi tsukimi udon signifie « nouilles voir la lune ».

Nouilles dans une soupe aux œufs

Keikitamo — udon

500 g de udon
sel
1 litre de bouillon (page 18)
5 cl de shoyu
2 cuillères à soupe de mirin
3 cuillères à soupe de maïzena
4 œufs battus

Pour servir :
3 ciboules, hachées fin
2 cm de gingembre frais, pelé et râpé
poivre shichimi

Plongez les nouilles dans une grande casserole d'eau bouillante légèrement salée. Portez de nouveau à ébullition, baissez le feu et laissez mijoter, à découvert, pendant environ 10 minutes, jusqu'à ce que les nouilles soient tendres. Égouttez dans une passoire, puis rincez sous l'eau froide.

Portez le bouillon à ébullition dans une casserole avec le shoyu, le mirin et une 1/2 cuillère à café de sel. Délayez la maïzena dans un peu d'eau, versez dans la casserole et remuez jusqu'à ce que la soupe épaississe légèrement. Ajoutez lentement les œufs, puis faites cuire à feu doux jusqu'à ce que des lamelles flottent à la surface. Retirez du feu.

Placez les nouilles cuites dans un bol d'eau chaude quelques secondes pour les réchauffer. Égouttez, puis répartissez dans quatre bols à nouilles. Versez dessus la soupe, puis saupoudrez de ciboules hachées. Placez un petit peu de gingembre râpé dans une petite assiette. Servez chaud, le gingembre et le poivre shichimi à part.

Nouilles froides d'été

Hiyashi somen

500 g de somen
8-12 grosses crevettes crues, sans tête, décongelées
4-5 shiitake séchés
2 cuillères à soupe de shoyu
2 cuillères à soupe de mirin
1 cuillère à soupe de sucre
2 petites tomates coupées en quatre, pour garniture
225 g de jambon blanc, haché fin
1/2 concombre, haché fin
2 cm de gingembre frais, pelé et râpé
2 feuilles de shiso ou de ciboules, hachées fin

Sauce :
carré de konbu de 15 cm
25 g de katsuobushi
7 cl de shoyu
7 cl de mirin

Plongez les somen dans une grande casserole d'eau bouillante. Faites cuire, sans couvrir, sur feu modéré 8 à 10 minutes jusqu'à ce que les nouilles soient tendres, mais encore croquantes. Égouttez dans une passoire et rincez à l'eau froide. Placez les somen dans une grande jatte en verre et recouvrez d'eau froide fraîche. Rajoutez quelques glaçons, puis placez la jatte au réfrigérateur.

Lavez et décortiquez les crevettes, tout en conservant la carapace à l'extrémité de la queue. Retirez le boyau noir. Plongez les crevettes dans une casserole d'eau bouillante 2 minutes, égouttez-les bien et refroidissez-les sous l'eau courante. Égouttez-les encore et mettez-les au réfrigérateur.

Faites tremper les champignons dans de l'eau chaude 25 minutes, puis égouttez et conservez 30 cl du liquide (s'il n'y en a pas assez, rajoutez de l'eau). Faites sortir l'eau des champignons, jetez les queues trop dures, puis hachez fin les têtes. Placez-les dans une casserole avec le shoyu, le mirin et le sucre, puis faites cuire jusqu'à absorption totale du liquide. Sortez du feu et mettez de côté. Pour la sauce versez le liquide conservé dans une casserole. Ajoutez le konbu, le katsuobushi, le shoyu et le mirin, puis portez

Riz rouge aux azuki, nouilles froides d'été, potage aux nouilles

à ébullition, le konbu étant retiré juste avant ébullition. Faites cuire 5 minutes, puis passez dans une mousseline. Laissez la sauce refroidir, puis mettez au réfrigérateur.

Pour servir, garnissez les somen dans l'eau froide avec les quartiers de tomates. Disposez le jambon, le concombre, les champignons et les crevettes réfrigérées dans un plat à servir. Répartissez la sauce froide dans 4 bols et incorporez-y, le gingembre râpé et les feuilles de shiso ou de ciboules hachées. Chaque convive met un peu de jambon, de concombre, de champignons et de crevettes dans son bol de sauce, puis prend quelques nouilles froides à l'aide des hashi (baguettes) et les trempe dans la sauce avant de manger.

Note : ce plat est très populaire en été au Japon, pendant les longs mois étouffants d'été.

Riz rouge aux azuki

Sekihan

200 g de haricots azuki
750 g de riz gluant
goma jio (graines de sésame salées) préparées avec 1 cuillère à café de graines de sésame noir et 2 cuillères à café de sel

Triez et lavez les azuki, placez-les dans une casserole et couvrez-les d'eau. Portez à ébullition, puis égouttez ; couvrez d'eau froide fraîche et portez de nouveau à ébullition. Baissez le feu, couvrez, puis laissez mijoter lentement pendant environ 40 minutes, en rajoutant de l'eau si nécessaire : les haricots doivent toujours être couverts d'eau en cours de cuisson. Égouttez et conservez le liquide de cuisson.

Lavez le riz abondamment, égouttez-le et mettez-le dans un bol. Recouvrez-le avec le liquide de cuisson des azuki et laissez reposer une nuit afin de permettre au riz d'acquérir une couleur rosée.

Égouttez le riz et conservez le liquide. Mélangez le riz et les azuki, en prenant garde à ne pas écraser les haricots. Recouvrez un plat à vapeur de mousseline. Portez l'eau à ébullition, puis étalez le mélange de riz et de haricots sur la mousseline, tapotez afin de rendre le tout uniforme et percez quelques trous d'aération. Laissez sur feu vif environ 50 minutes, jusqu'à ce que le riz soit cuit, tout en arrosant toutes les 12 minutes avec le liquide de cuisson des azuki. Répartissez dans des bols individuels réchauffés et saupoudrez de goma jio. Servez chaud ou à température ambiante.

Pour 8 à 10 personnes

Légumes

Il existe, au Japon, une énorme variété de légumes. Certains d'entre eux ne sont pas vendus en Occident, mais vous pourrez les trouver en boîte ou séchés. Les magasins de produits exotiques offrent en produits frais les variétés les plus courantes, le daikon, le chou chinois ou le gingembre. Le daikon est souvent cuit ; mais il est aussi apprécié cru, découpé en lamelles, comme garniture. Les champignons sont également populaires — tout particulièrement les shiitake qui apportent un goût très fort. Les légumes sont souvent salés et bouillis, même lorsqu'ils sont servis en salades, comme le concombre vinaigré (sunomono), salade vinaigrée traditionnelle.

Légumes sauce tofu

Shira-ae

3 shiitake
1/2 konnyaku
15-25 g d'aburage
1 petite carotte, pelée
50 g de haricots verts, équeutés
40 cl de bouillon (page 12)
1 cuillère à soupe de shoyu
2 cuillères à café de sucre

Sauce shira-ae
100 g de tofu soyeux
4 cuillères à soupe de graines de sésame, grillées et pilées, ou 2 cuillères à soupe de pâte de sésame (tahini)
2 1/2 cuillères à soupe de sucre
1 cuillère à café de sel

Faites tremper les champignons dans l'eau chaude 20 à 25 minutes, ensuite égouttez. Faites sortir l'eau des champignons, jetez les queues trop dures, puis émincez les têtes.

Découpez le konnyaku en lamelles d'environ 4 cm de long et 5 mm d'épaisseur. Faites blanchir à l'eau bouillante quelques secondes. Placez l'aburage dans un saladier et recouvrez-le d'eau bouillante. Égouttez et découpez en lamelles de 5 mm de large. Découpez la carotte et les haricots verts en lamelles de la même taille que celles de l'aburage.

Portez le bouillon à ébullition dans une casserole avec le shoyu et le sucre. Ajoutez les ingrédients préparés, puis laissez mijoter lentement 10 minutes. Sortez du feu et laissez refroidir.

Entre-temps, préparez la sauce : placez le tofu dans une casserole d'eau bouillante, portez à ébullition, puis égouttez. Mettez-le entre deux planches, pour enlever l'excédent d'eau.

Passez le tofu à travers une passoire, à l'aide d'une spatule en bois. Incorporez le sésame, le sucre et le sel. Égouttez les légumes et conservez le jus. Ajoutez-les à la sauce. Mélangez bien le tout, en ajoutant un petit peu de jus des légumes mis de côté si la sauce est trop épaisse. Servez froid.

Note : au Japon les légumes sont rarement utilisés crus, mais souvent cuits en partie dans un peu de bouillon. Les graines de sésame grillées confèrent un goût de « noix » au tofu crémeux.

Légumes sauce tofu, salade japonaise

Salade japonaise

Wafu salada

1/2 carotte moyenne, pelée
1 concombre
1/2 botte de ciboules
100 g de blanc de poulet, sans la peau
1 cuillère à soupe de saké
15 g de wakame
feuilles de shiso ou de salade pour la garniture

Sauce gomadare :
4 cuillères à soupe de graines de sésame, grillées et pilées ou 2 cuillères à soupe de pâte de sésame (tahini)
1 petite gousse d'ail râpée
5 cuillères à soupe de vinaigre de riz
3 cuillères à soupe de bouillon (page 12)
1 cuillère à soupe de shoyu
1 cuillère à soupe de mayonnaise
1 pincée de piment rouge en poudre
sel

Préparez d'abord la sauce gomadare : mélangez tous les ingrédients dans un bol avec une cuillère à café de sel. Mettez de côté.

Coupez en très fines lanières la carotte, le concombre et les ciboules, et placez-les dans des bols séparés d'eau glacée afin de les rendre croustillants ; entre-temps préparez le reste des ingrédients.

Posez le poulet sur un plat, arrosez-le de saké et saupoudrez-le d'un peu de sel, puis placez-le dans une marmite à vapeur et laissez-le cuire ainsi 12 minutes, ou jusqu'à ce qu'il soit tendre. Sortez-le de la marmite et laissez refroidir. Une fois refroidi, émiettez-le en fines lanières avec vos doigts et remettez-le dans son jus sur le plat.

Placez le wakame dans un bol et recouvrez-le d'eau froide. Laissez tremper 5 à 10 minutes, ou jusqu'à ce qu'il soit gonflé et mou. Égouttez dans une passoire, rincez à l'eau chaude, puis sous un robinet d'eau froide. Égouttez bien et comprimez pour chasser toute l'eau. Découpez-le en bandes de 2 cm, à moins qu'il ne soit déjà haché.

Recouvrez un grand plat de feuilles de shiso ou de salade ; placez le bol de gomadare au centre et disposez tous les ingrédients découpés en lanières autour.

Note : le secret, pour que cette salade ait l'air authentique, consiste à découper les légumes en lanières aussi fines que du papier à cigarettes.

Daikon chaud en sauce

Soboro ankake

1 grand daikon
sel
40 cl de bouillon (page 12)
2 cuillères à soupe de shoyu
4 cuillères à café de mirin
1 cuillère à soupe d'huile végétale
100 g de viande de bœuf hachée
1 cuillère à café de sucre
1 1/2 cuillère à soupe de maïzena

Pelez le daikon et coupez-le en rondelles d'environ 4 cm d'épaisseur. Plongez dans une casserole d'eau légèrement salée, mijotant lentement, puis recouvrez d'un otoshi-buta (petit couvercle en bois d'un diamètre inférieur à celui de la casserole) ou d'un petit plat retourné, et laissez cuire très lentement environ 45 minutes. Égouttez et mettez de côté.

Versez le bouillon dans la casserole préalablement rincée, puis ajoutez la moitié du shoyu, 1 cuillère à café de mirin et 1/2 cuillère à café de sel. Portez à ébullition, ajoutez le daikon égoutté et recouvrez avec un otoshi-buta ou une feuille de papier parcheminé (à ce stade, le plat serait trop lourd). Laissez mijoter à feu très doux encore 30 minutes, puis sortez du feu et conservez au chaud.

Chauffez l'huile dans une casserole séparée, ajoutez la viande de bœuf hachée et faites frire jusqu'à ce qu'elle commence à changer de couleur, tout en remuant constamment afin d'éviter la formation de grumeaux. Ajoutez le reste de shoyu et de mirin, le sucre et du sel selon le goût. Versez le liquide conservé, faites cuire à feu vif 2 minutes, puis goûtez et assaisonnez à votre goût — ce doit être légèrement salé. Délayez la maïzena avec 3 cuillères à soupe d'eau froide. Versez sur la viande et remuez jusqu'à ce que le mélange soit épais. Disposez 2 morceaux de daikon dans chacun de 4 bols préalablement chauffés et versez-y la sauce à la viande. Servez chaud.

Note : généralement le daikon est utilisé pour les salades et les garnitures, soit râpé soit découpé.

Concombre vinaigré

Sunomono

1 gros concombre ou 2 petits
1 cuillère à café de sel
15 g de wakame
2-4 cm de gingembre frais

Sauce sanbaizu :
3 cuillères à soupe de vinaigre de riz
1 cuillère à soupe de shoyu
1 cuillère à soupe de sucre
1/4 - 1/2 cuillère à café de sel

Coupez les concombres en deux dans le sens de la longueur ; enlevez les graines. Émincez en fines tranches et saupoudrez de sel. Avec vos mains, faites sortir le maximum d'eau, puis rincez sous un robinet d'eau froide.

Mettez le wakame dans un bol et recouvrez d'eau froide. Laissez tremper 5 à 10 minutes, jusqu'à ce qu'il soit complètement gonflé et mou. Égouttez dans une passoire, rincez à l'eau bouillante, puis sous l'eau froide. Égouttez à fond et faites sortir le maximum d'eau. Découpez-le en bandes de 2 cm, à moins qu'il ne soit déjà haché.

Pelez et hachez le gingembre, puis placez-le dans un bol d'eau glacée afin qu'il devienne croustillant. Mélangez tous les ingrédients de la sauce dans un saladier, puis incorporez le concombre en tranches et le wakame. Disposez la salade dans des bols en petits monticules. Égouttez le gingembre haché et répartissez-le. Servez froid.

Note : cette salade vinaigrée de concombre et wakame peut être servie comme hors-d'œuvre ou comme plat d'accompagnement.

Ciboules à la sauce moutarde miso

Nagi no Karashi-ae

2 bottes de ciboules minces
15 g de wakame

Sauce moutarde miso :
3 cuillères à soupe de miso blanc
3 cuillères à soupe de sucre
1 cuillère à café de moutarde japonaise ou toute autre moutarde forte
1 cuillère à café de shoyu
1 cuillère à café de mirin

Nettoyez et épluchez les ciboules, puis plongez-les dans une casserole d'eau bouillante 2 minutes. Égouttez dans une passoire et faites refroidir sous l'eau froide. Égouttez.

Tenez deux ciboules côte à côte et pliez-les 3 à 4 fois, jusqu'à ce que leur longueur ait atteint environ 4 cm. Liez chaque paire l'une à l'autre au centre, en utilisant la partie verte.

Placez le wakame dans un bol et recouvrez d'eau froide. Laissez tremper 5 à 10 minutes, jusqu'à ce qu'il soit gonflé et mou. Égouttez dans une passoire, rincez à l'eau bouillante, puis sous l'eau froide. Égouttez bien et faites sortir toute l'eau. Découpez en bandes de 2 cm, à moins qu'il ne soit déjà haché.

Placez le wakame dans un grand plat à servir, puis disposez les bottes de ciboules au-dessus. Mettez tous les ingrédients pour la sauce dans un petit bol et mélangez bien. Versez sur les légumes et servez immédiatement.

Note : la sauce moutarde miso est un assaisonnement japonais traditionnel, qui complémente le goût fort des ciboules utilisées dans cette recette.

Tempura aux légumes

Kaki-age

1/2 carotte moyenne
50 g de haricots verts
2 pommes de terre, pelées
1 œuf
50 g de farine ordinaire, plus un supplément

Pour servir :
sauce tentsuyu comme pour le tempura
aux fruits de mer (page 54)
2 cm de gingembre frais, pelé et râpé
un morceau de daikon de 5 cm, pelé et râpé

Pelez la carotte et découpez-la finement en allumettes de 5 cm. Coupez les haricots verts en deux dans le sens de la longueur, puis en allumettes de 5 cm. Coupez les pommes de terre en allumettes.

Mettez l'œuf dans un bol, ajoutez 5 cl d'eau glacée et 50 g de farine. Avec 2 paires de hashi (baguettes) ou 2 fourchettes, mélangez pour obtenir une pâte grumeleuse.

Mettez quelques-uns des légumes préparés dans une louche et saupoudrez-les avec un peu de farine. Ajoutez 1 ou 2 cuillères à soupe de pâte et mélangez bien dans la louche.

Chauffez l'huile à environ 160 °C. Faites frire les légumes, une louche à la fois, environ 2 minutes. Sortez-les et égouttez sur du papier absorbant.

Pour servir : versez la sauce tentsuyu dans quatre bols. Mettez le gingembre râpé et le daikon dans des bols séparés. Pliez une grande serviette en papier en deux et placez-la sur un set en bambou ou un plat à servir. Disposez les légumes sur le papier et servez immédiatement, avec les bols de sauce, le gingembre et le daikon. Chaque convive devra mélanger le gingembre râpé et le daikon selon son goût avec un peu de sauce, puis y tremper ses légumes.

Note : le kaki-age est souvent préparé avec des restes de pâte après un tempura (page 54). Les restes de poisson sont parfois mélangés aux légumes et frits dans la pâte.

Tempura aux légumes

Salade de légumes, nouilles et sésame

Salade gomadare

4 shiitake séchés
350 g de daikon émincé fin
100 g de carottes émincées fin
sel
1 aburage
1 paquet de shirataki
4 cuillères à soupe de bouillon (page 12)
1 cuillère à soupe de sucre
1 cuillère à soupe de shoyu

Sauce :
3 cuillères à soupe
de graines de sésame blanc, grillées
2 cuillères à soupe de vinaigre
2 cuillères à soupe de sucre
1 cuillère à soupe de shoyu
1 1/2 cuillère à café de sel

Faites tremper les champignons dans de l'eau 30 minutes. Égouttez et jetez les queues. Saupoudrez le daikon et les carottes de sel.

Mettez l'aburage, les nouilles et les champignons dans une casserole et ajoutez le bouillon, le sucre et le shoyu. Portez à ébullition et laissez mijoter jusqu'à ce que les nouilles soient tendres. Laissez refroidir.

Plongez le daikon et les carottes dans de l'eau bouillante et laissez mijoter jusqu'à ce qu'ils soient tendres. Égouttez bien et laissez refroidir.

Mélangez les nouilles avec le daikon et les carottes.

Pour la sauce, pilez les graines de sésame dans un mortier, ajoutez les autres ingrédients de la sauce et mélangez bien le tout. Versez sur la salade et mélangez.

Tofu à la sauce dashi

Agedashi dofu

225 g de tofu soyeux ou ferme
maïzena pour l'enrobage
huile végétale pour la friture

Sauce dashi :
20 cl de bouillon (page 12)
4 cuillères à soupe de mirin
4 cuillères à soupe de shoyu

Pour servir :
5 cm de daikon, pelé et râpé
4 feuilles de shiso ou de salade, coupées fin

Si vous utilisez du tofu soyeux, plongez les morceaux dans une casserole d'eau bouillante une minute, afin de les rendre fermes. Égouttez bien, puis découpez le tofu en 6-8 carrés. Roulez chaque morceau dans de la maïzena.

Chauffez l'huile dans une friteuse à 160 °C, ajoutez le tofu et faites-le frire jusqu'à ce qu'il soit brun doré. Sortez de l'huile avec une écumoire et égouttez sur du papier absorbant.

Pour la sauce, versez le bouillon dans une casserole, ajoutez le mirin et le shoyu, portez à ébullition. Répartissez la sauce dans 4 bols réchauffés. Placez 3 à 4 morceaux de tofu dans chaque bol, puis garnissez avec du daikon râpé et les feuilles de shiso ou de salade. Servez immédiatement.

Note : si vous utilisez du tofu chinois, déjà ferme, il n'est pas nécessaire de le faire bouillir au départ.

Haricots de soja mijotés

Nimame

200 g de haricots de soja
sel
250 g de renkon en boîte
ou de châtaignes d'eau, égouttées
200 g de gobo en boîte
1/2 carotte moyenne, pelée
1/2 konnyaku
un carré de 10 cm de konbu
25 g de sucre
5 cuillères à soupe de shoyu

Lavez les haricots de soja, placez-les dans un bol et recouvrez-les d'eau légèrement salée, en prévoyant une quantité d'eau correspondant à trois fois le volume de haricots de soja. Laissez tremper toute une nuit.

Placez les haricots et leur eau de trempage dans une casserole, et portez à ébullition. Ajoutez 20 cl d'eau froide, placez un otoshi-buta (petit couvercle en bois) ou une assiette retournée, directement sur les haricots, et recouvrez d'un couvercle. Laissez mijoter environ 1 heure, jusqu'à ce que les haricots ramollissent.

Entre-temps, découpez le renkon ou les châtaignes d'eau et le gobo en petits carrés, d'environ 1 cm. Coupez la carotte en carrés de 1 cm. Découpez, à la main, le konnyaku en morceaux de taille similaire. Découpez le konbu en carrés de 1 cm.

Dès que les haricots sont cuits, ajoutez le renkon ou les châtaignes d'eau, le gobo égoutté et le konnyaku. Recouvrez à nouveau avec l'otoshi-buta ou une assiette, et laissez mijoter environ 10 minutes, jusqu'à ce que le gobo soit cuit. Ajoutez les morceaux de carotte et le konbu, ainsi que la moitié du sucre. Faites cuire encore 10 minutes jusqu'à ce que les morceaux de carottes soient tendres, puis ajoutez le reste du sucre et le shoyu. Laissez mijoter jusqu'à ce que le jus ait été pratiquement absorbé. Transférez dans un bol et servez chaud ou froid.

Note : ce plat, à l'origine, avait été créé pour une cuisson lente sur un feu de charbon de bois (hibachi) que les maisons japonaises avaient l'habitude de garder allumé toute la journée. C'est toujours un plat populaire, bien que de nos jours il soit généralement cuit sur une cuisinière moderne.

Épinards et clovisses à la sauce moutarde

Épinards et clovisses à la sauce moutarde

Karashi-ae

1 cuillère à soupe de saké
225 g de clovisses nettoyées
3 cuillères à soupe de shoyu
1 cuillère à café de shoyu
1 cuillère à café de moutarde japonaise ou toute autre moutarde forte
500 g d'épinards, lavés et préparés
sel
1 cuillère à café de graines de sésame

Faites chauffer le saké dans une petite casserole, ajoutez les clovisses et faites chauffer le tout. Égouttez les clovisses, conservez le jus.

Mélangez 3 cuillères à soupe de shoyu et la moutarde dans un bol. Ajoutez les clovisses. Faites cuire les épinards dans de l'eau bouillante légèrement salée 30 secondes, puis égouttez et plongez immédiatement dans un bol d'eau glacée. Égouttez à nouveau et pressez pour extraire l'eau, versez une cuillère à café de shoyu.

Ajoutez le jus de clovisses au mélange de clovisses. Disposez les épinards sur une assiette. Placez le mélange de clovisses au centre, puis garnissez avec les graines de sésame.

Légumes sauce sésame

Shira-ae

6 aburage
1/2 fenouil
3 petites carottes, pelées
25 cl de bouillon (page 12)
1 cube de tofu
5 cuillères à soupe de graines de sésame blanc, grillées et pilées
2 cuillères à soupe de shiromiso
3 cuillères à soupe de sucre
1 cuillère à café de sel

Pour la garniture :
lamelles de concombre
tranches de carottes

Lavez l'aburage dans de l'eau bouillante afin d'enlever tout excédent d'huile, puis coupez dans le sens de la longueur, en tranches de 5 mm. Coupez le fenouil et les carottes en lamelles de 5 cm.

Faites cuire l'aburage, le fenouil et les carottes dans le bouillon environ 5 minutes, jusqu'à ce que les carottes soient tendres, mais encore croquantes et que la plus grande partie du bouillon se soit évaporée. Laissez refroidir, puis découpez les légumes en petits morceaux et placez-les dans un grand saladier.

Enveloppez le tofu dans un chiffon et pressez pour en faire sortir le maximum d'eau. Écrasez-le. Ajoutez les autres ingrédients, sauf la garniture, puis mélangez bien le tout. Versez la sauce au tofu sur les légumes et mélangez délicatement.

Garnissez avec les lamelles de concombre et les tranches de carottes. Servez à température ambiante.

Salade de radis blanc

Sunomono daikon

1 daikon, de la taille d'un concombre, pelé et râpé fin
4 cuillères à soupe de vinaigre
2 cuillères à soupe de sucre
une pincée de sel
un morceau de concombre de 6 cm, découpé en petits cubes
1 kaki, découpé en petits cubes
1 cuillère à café de raifort frais râpé
1 cuillère à café de gingembre frais râpé

Pressez le daikon dans un linge afin d'éliminer tout excédent d'eau. Mélangez le vinaigre, le sucre et le sel, puis ajoutez au daikon. Remuez bien le tout. Ajoutez le reste des ingrédients et mélangez bien. Formez de petites mottes et servez-les en accompagnement.

Salade pressée

Tsukemono

15 cm de daikon pelé
2 carottes moyennes, pelées
225 g de haricots verts, équeutés
sel

Pour servir :
sauce sanbaizu comme pour le concombre vinaigré (page 28)
1 cuillère à soupe de graines de sésame grillées

Découpez le daikon et les carottes en julienne de 5-7 cm. Coupez les haricots verts en morceaux de 5-7 cm, sur la longueur, puis ouvrez-les en deux. Mélangez tous les légumes et placez-en un quart dans un saladier. Saupoudrez de 1/2 cuillère à café de sel. Répétez avec un autre quart et du sel, jusqu'à ce que tous les légumes découpés soient dans le saladier. Recouvrez avec une assiette retournée (un peu plus petite que le saladier), placez un poids au-dessus et laissez reposer au moins 1 heure, de préférence toute une nuit.

Lorsque la salade est prête, enlevez le poids et éliminez tout excédent d'eau des légumes, en appuyant fermement sur l'assiette afin d'extraire le maximum de liquide. Enlevez l'assiette et mélangez les légumes, puis ajoutez la sauce sanbaizu et mélangez bien à nouveau. Transférez dans des saladiers individuels et saupoudrez de graines de sésame. Servez froid.

Note : comme le riz et la soupe, le tsukemono fait partie de presque tous les repas japonais. Pour terminer simplement un repas, servez cette salade accompagnée d'un bol de riz nature.

Fleurs de pêcher

Momo no hana

1 botte de gros radis rouges
1 cuillère à soupe de sel
10 cl de vinaigre de riz
2 cuillères à soupe de sucre
100 g de mange-tout

Lavez les radis et enlevez les tiges. Placez un radis préparé sur une planche entre deux hashi (baguettes) parallèles. A l'aide d'un couteau bien affûté et tout en maintenant fermement les baguettes entaillez le radis en fines tranches, en vous assurant que le couteau ne touche pas la planche (les hashi l'en empêcheront). Tournez le radis de 90°. Une fois de plus, entaillez le radis en fines tranches, de façon à obtenir un effet croisé. Répétez cette opération avec les autres radis.

Placez les radis dans un saladier et saupoudrez de sel, tout en mélangeant bien le tout. Mettez une petite assiette et un poids au-dessus ; laissez reposer toute une nuit.

Égouttez l'eau, puis mélangez le vinaigre et le sucre et versez sur les radis. Couvrez à nouveau avec l'assiette et le poids, et laissez de nouveau reposer toute une nuit.

Le jour suivant, faites cuire les mange-tout dans une casserole d'eau bouillante légèrement salée 2 à 3 minutes. Égouttez et rincez à l'eau froide.

Disposez les « fleurs » de radis ainsi marinées sur un plat et disposez autour les mange-tout, comme des feuilles. Servez froid.

Pour 10 personnes

Note : les « fleurs » de pêcher doivent être préparées bien à l'avance et les « feuilles » le jour même. La « journée des jeunes filles » au Japon est souvent connue sous le nom de « Fête des Pêches » et on dit que ces fleurs ressemblent à des fleurs de pêcher.

Champignons noirs doux

Shiitake no amanie

15 shiitake secs à grands chapeaux
45 cl d'eau chaude
1 1/2 cuillère à café de sucre
1-2 cuillères à soupe de mirin
une pincée de sel
2 cuillères à café de shoyu
ciboule coupée et tranches de carottes pour la garniture

Faites tremper les champignons dans de l'eau chaude 20 minutes. Égouttez, conservez le liquide de trempage et jetez les queues. Gardez les chapeaux entiers ou découpez-les en cinq morceaux.

Versez lentement le liquide de trempage dans une casserole, pour retenir au fond le sable. Ajoutez les champignons et faites bouillir 5 minutes, ajoutez les autres ingrédients et faites cuire 5 minutes ; selon votre goût, arrosez d'un petit peu de mirin.

Sortez du feu et laissez reposer 10 minutes. Disposez les champignons de façon attrayante sur un plat. Garnissez avec les tranches de ciboule et de carottes, placées au centre de façon à ce que le tout ressemble à une fleur. Servez à température ambiante, en tant qu'amuse-gueule ou plat d'accompagnement.

Note : on peut se procurer des shiitake déshydratés dans les magasins et marchés spécialisés et, bien qu'il soit possible d'acheter des shiitake frais, ce sont ces champignons déshydratés qui doivent être utilisés dans cette recette.

Fleurs de pêcher, salade pressée, champignons noirs doux

Algues au tofu frit

Hijiki to aburage

5 cuillères à soupe de hijiki séchées
2 aburage
1 cuillère à café d'huile végétale
15 cl de bouillon (page 12)
1 cuillère à soupe de mirin
2 1/2 cuillères à café de sucre
2 cuillères à soupe de shoyu

Lavez soigneusement les algues et laissez-les tremper dans de l'eau froide 1 heure. Égouttez, puis rincez à fond à l'eau courante afin d'enlever le sable. Passez dans une passoire à mailles fines.

Lavez l'aburage dans de l'eau bouillante afin d'enlever tout excédent d'huile, puis coupez-le en tranches de 5 mm de long.

Faites chauffer une poêle, ajoutez l'huile, puis les hijiki. Faites frire environ 2 minutes, puis rajoutez l'aburage et le bouillon. Faites mijoter, non couvert, 5 minutes.

Ajoutez le reste des ingrédients, remuez bien et faites cuire 7 minutes, jusqu'à ce que le liquide se soit évaporé. Servez chaud dans des plats réchauffés.

Note : le Japon étant une île, il n'est pas surprenant que les algues soient l'un des aliments principaux des Japonais. Elles ont une teneur élevée en protéines, amidon, sucre, graisses, vitamines A, B1, B2, calcium, phosphore, fer et oligo-éléments.

Aubergines sauce moutarde

Nasu no karashi

1 aubergine moyenne,
ou 6 petites aubergines japonaises
75 cl d'eau
1 cuillère à soupe de sel

Sauce :
1 cuillère à soupe de moutarde
3 cuillères à soupe de shoyu
3 cuillères à soupe de mirin
3 cuillères à soupe de sucre

Découpez les aubergines en rondelles d'environ 3 mm d'épaisseur, puis coupez les rondelles en quatre. Laissez tremper dans l'eau, avec le sel, 1 heure.

Entre-temps, préparez la sauce : mélangez bien tous les ingrédients dans un saladier.

Égouttez l'aubergine et séchez avec du papier absorbant. Disposez dans un saladier en verre et versez l'assaisonnement.

Recouvrez d'un plastique et placez dans le réfrigérateur pendant plusieurs heures ou toute une nuit avant de servir.

Chou chinois en saumure

Napa wo tsukemono

1 grosse tête de napa coupée en quatre
3 cuillères à soupe de gros sel
4 cuillères à soupe de raisins épépinés
ou de prunes dénoyautées
25 cl d'eau
3 piments séchés

Placez le napa dans un saladier en verre, en salant chaque couche. Ajoutez les autres ingrédients et mélangez bien jusqu'à ce que le sel soit dissous. Placez une assiette sur le chou, avec un poids dessus, puis laissez mariner 12 heures.

Jetez le raisin ou les prunes, et lavez rapidement le chou. Pressez pour retirer toute l'eau, puis découpez le chou en petits morceaux de la taille d'une bouchée. Servez froid.

Pour 4 à 6 personnes

Note : pour relever le goût, vous pouvez ajouter un petit peu de shoyu, du glutamate et du gingembre frais râpé, mélangés à un peu de sucre, avant de servir.

Les marinades font partie de tous les menus japonais ; elles vont très bien avec la douceur du riz et le thé ; elles permettent également d'éliminer du palais tout arrière-goût, tel celui du poisson.

Cette recette, qui utilise la saumure, est une des plus simples méthodes de conservation. Si on laisse le napa dans sa saumure au réfrigérateur, on pourra le conserver environ 1 semaine.

Épinards au poisson

Horenso wo ohitashi

500 g de feuilles d'épinards épluchées
sel
2 1/2 cuillères à soupe de shoyu
4-5 cuillères à soupe de bouillon (page 12)
4 cuillères à soupe de katsuobushi pour la garniture

Faites blanchir les épinards dans une grande casserole d'eau bouillante légèrement salée 2 minutes. Égouttez, plongez dans un bol d'eau glacée afin d'arrêter la cuisson, puis égouttez à nouveau. Pressez pour retirer le maximum d'eau des épinards, puis étalez sur une planche ou un grand plat. Arrosez avec 1/2 cuillère à soupe de shoyu, puis retirez encore du liquide.

Placez le bouillon et le restant de shoyu dans un moule large et peu profond. Ajoutez les épinards et laissez tremper dans la sauce environ 5 minutes, puis ramenez sur la planche, en disposant toutes les feuilles côte à côte. Exprimez lentement le jus des épinards dans le moule et mettez-le de côté. Découpez les épinards en morceaux de 4 à 5 cm et placez-les dans un bol. Garnissez avec la bonite séchée et arrosez avec le jus conservé. Servez froid.

Champignons shimeji

Shimeji

225 g de shimeji frais
1 1/2 cuillère à café de beurre
1 gousse d'ail, épluchée et pilée
1 cuillère à café de saké
3 cuillères à soupe de bouillon de poule
sel
poivre noir fraîchement moulu

Émiettez les shimeji en petits morceaux. Faites fondre le beurre dans une poêle à feu doux. Ajoutez l'ail et faites cuire 30 secondes tout en remuant, ensuite ajoutez les shimeji et le saké. Faites cuire en tournant 1 minute, puis ajoutez le reste des ingrédients et faites cuire 2 minutes. Servez immédiatement.

Note : le *shimeji* est cultivé au Japon depuis des années en tant que « légume » frais. Dans les bois humides on peut trouver l'espèce sauvage, *Pleurotus ostreatus,* que l'on appelle parfois « coquillage de la forêt », étant donné qu'il a un léger goût de coquillage.

Bardane au piment

Kimpira

3 longs gobos pelés
1 petite carotte, pelée
1 cuillère à soupe d'huile végétale
1 cuillère à soupe de shoyu
1 cuillère à soupe de sucre
1 pincée de sel
une pincée de poudre de piments séchés

Découpez le gobo et la carotte en fines lamelles de 1 cm de large, à l'aide d'un épluche-légumes. Placez-les dans un bol d'eau froide, puis égouttez et séchez sur des serviettes en papier.

Faites chauffer une poêle. Quand elle est chaude, ajoutez l'huile, puis les légumes, et remuez tout en faisant cuire 2 minutes jusqu'à ce qu'ils soient tendres, mais toujours croquants.

Ajoutez le reste des ingrédients et faites cuire 2 minutes tout en remuant. Servez chaud ou à température ambiante.

Note : au Japon la racine de gobo est utilisée en tant que légume. Cependant, elle a un goût spécial et il se peut que vous deviez l'essayer plusieurs fois avant de l'aimer.

Champignons shimeji, chou chinois en saumure, aubergines sauce moutarde

Viande et volailles

Avant 1868 et la fin de l'ère Tokugawa, le Japon resta fermé aux étrangers. La seule exception était le port de Nagasaki où les étrangers pouvaient côtoyer des Japonais. Ces étrangers, que l'on appelait nanban (barbares), introduisirent l'habitude de manger de la viande. Aujourd'hui encore la viande est un produit de luxe, la nature montagneuse du pays ne se prêtant pas à l'élevage de grands troupeaux.

Fondue au radis

Karibayaki

750 g de steak de bœuf, découpé en fines tranches
5 ciboules, découpées en longueurs de 2 cm
350 g de pousses de bambou, coupées en deux, puis finement émincées
225 g de persil
225 g d'aubergine, finement émincée
450 g de matsutake (champignons), émiettés en petits morceaux de la taille d'une bouchée
750 g de daikon
1 1/2 cuillère à soupe de shoyu
poivre japonais écrasé
75 g de graisse de bœuf

Sauce :
shoyu
saké
mirin
sucre

Disposez la viande, les ciboules, les pousses de bambou, le persil, les aubergines et les champignons sur un grand plat.

Râpez le radis et extrayez-en le jus. Conservez 25 cl du jus et relevez-le de shoyu et de poivre. Placez dans un bol.

Préparez la sauce en mélangeant trois parts de shoyu, deux de saké, une de mirin et deux de sucre, puis versez dans un bol.

Faites chauffer la graisse dans une poêle électrique sur la table et faites griller un morceau de steak ou de légume, après l'avoir enrobé de shoyu. Trempez-le dans la sauce de radis et mangez.

Pour 4 à 6 personnes

Porc grillé au gingembre

Shoga-yaki

2 filets de porc (200 g environ chacun)
5 cm de gingembre frais, pelé et râpé
4 cuillères à soupe de shoyu
daikon râpé pour la garniture

Placez les filets de porc dans une grande assiette plate, ajoutez le gingembre râpé et le shoyu. Laissez mariner dans un endroit frais au moins 30 minutes.

Enveloppez hermétiquement chaque filet dans une feuille de papier aluminium et conservez la marinade. Placez les filets sous un gril chaud, puis baissez le feu du gril et continuez à faire cuire encore 20 à 25 minutes.

Sortez le porc de son papier et découpez chaque filet en tranches de 1 cm. Placez sur des plats individuels chauffés. Versez les jus de la viande du papier aluminium dans une petite casserole et rajoutez-y la marinade conservée. S'il n'y a pas suffisamment de sauce, rajoutez quelques cuillères d'eau et de shoyu. Portez à ébullition et laissez mijoter environ 5 minutes, puis versez sur la viande. Servez chaud.

Porc au gingembre, concombre vinaigré (page 28), brochettes de poulet (page 44)

Porc au chou blanc

Tonkatsu

750 g de filet de porc
sel
poivre noir fraîchement moulu
farine pour l'enrobage
2 œufs, légèrement battus
100 g de chapelure environ
10 cm de chou blanc bien ferme
huile pour friture

Sauce tonkatsu :
shoyu
saké
sauce Worcestershire
moutarde japonaise

Coupez le filet de porc dans le sens de la largeur en tranches de 1 cm. Salez et poivrez légèrement, puis saupoudrez légèrement de farine, en enlevant tout excès. Passez chaque morceau dans l'œuf battu, puis dans la chapelure. Faites bien adhérer la chapelure.

Séparez les feuilles de chou, puis coupez-les en deux, en jetant la partie centrale. Empilez les feuilles les unes sur les autres, puis découpez-les en fines lamelles. Répartissez-les sur quatre assiettes, de façon à ne recouvrir qu'une moitié de chacune.

Pour la sauce tonkatsu, mélangez tous les ingrédients dans un bol et ajustez les quantités selon votre goût. Versez dans quatre bols.

Chauffez l'huile dans une friteuse à 180 °C. Introduisez lentement les morceaux de porc, un à la fois. Faites frire quelques morceaux à la fois 3 à 5 minutes, jusqu'à ce qu'ils deviennent brun doré, puis retirez-les à l'aide d'une écumoire et égouttez. Une fois la totalité du porc cuite, disposez les tranches sur les assiettes avec le chou. Servez immédiatement avec la sauce tonkatsu.

Fondue japonaise

Sukiyaki

500 g de bœuf (faux-filet ou entrecôte)
4 têtes de napa
1 bouquet de cresson
2 petits poireaux, la partie blanche uniquement
8 champignons de Paris
100 g de tofu ferme
200 g de shirataki ou de vermicelles fins
1 petit morceau de graisse de bœuf

Pour servir :
bouillon (page 12)
shoyu
mirin
saké
sucre
4 œufs

Faites raffermir la viande au congélateur 45 minutes, laissez-la 10 minutes sur une planche, puis coupez-la en lamelles transparentes, avec un couteau bien affûté. Disposez la viande sur un plat. Couvrez-la et laissez au réfrigérateur.

Lavez les feuilles de chou, coupez-les en deux dans le sens de la longueur, puis en lamelles de 5 cm de long. Lavez et préparez le cresson. Coupez les poireaux en tranches obliques. Essuyez et préparez les champignons. Coupez le tofu en cubes de 4 cm. Si vous utilisez des shirataki, faites-les cuire dans de l'eau bouillante pendant 3 minutes, puis égouttez-les. Plongez les shirataki dans de l'eau bouillante 10 minutes, puis égouttez-les. Disposez les légumes, le tofu et les nouilles sur un plat.

Placez un poêlon en fonte sur un réchaud au centre de la table. Entourez-le avec les plats d'ingrédients crus et de petits pots de bouillon, de shoyu, de mirin, de saké et de sucre.

Faites fondre un peu de graisse de bœuf dans le poêlon et faites rissoler. Ajoutez une sélection d'ingrédients crus, puis du bouillon, du shoyu, du mirin, du saké et du sucre selon votre goût. Chaque convive bat un œuf légèrement dans son bol, prend une sélection d'ingrédients cuits et les mélange à l'œuf battu.

Pour 4 personnes

Note : la plupart des familles japonaises disposent de poêlons à sukiyaki spéciaux pour faire cuire ce plat sur la table ; mais une poêle en fonte à fond épais et un réchaud conviendront parfaitement. Le sukiyaki se consomme sans cérémonie — l'hôte ou l'hôtesse fait cuire les premiers morceaux de viande et de légumes, ajoutant les épices selon son goût. Ensuite c'est chacun pour soi, et les ingrédients sont choisis, cuits et épicés selon le goût du convive. Chaque convive reçoit aussi un bol de riz nature.

Rosbif à la japonaise

Bœuf wafu

750 g de faux-filet de bœuf
1 gousse d'ail, épluchée et coupée en morceaux
10 cl de shoyu
10 cl de saké
1 1/2 cuillère à café de sucre

Pour servir :
2 ciboules, hachées fin
2 cm de gingembre frais, pelé et râpé
branches de persil pour la garniture

Placez le bœuf dans une casserole profonde avec l'ail, le shoyu, le saké et le sucre. Posez un otoshi-buta (petit couvercle en bois) ou une assiette retournée sur le morceau de viande, couvrez la casserole avec un couvercle, placez à feu vif et portez à ébullition. Baissez le feu et laissez mijoter 10 minutes, tout en secouant la casserole de temps en temps afin d'éviter que la viande ne colle.

Transférez le morceau de viande sur une planche, coupez-le en deux et vérifiez l'état de la cuisson. Si la viande est trop crue replacez-la dans la casserole et faites cuire quelques minutes supplémentaires. Dès

que la viande est cuite, retirez la casserole du feu. Laissez la viande refroidir dans son jus, la casserole couverte.

Découpez la viande en tranches fines, que vous disposerez sur des assiettes ; garnissez de persil. Servez froid, le jus de cuisson à part dans des bols, avec les ciboules et le gingembre (voir note).

Note : le bœuf wafu est traditionnellement servi avec des ciboules finement hachées et du gingembre frais râpé. Chaque convive mélange un peu de ciboule et de gingembre dans sa sauce, puis y trempe une tranche de viande.

Porc mijoté au soja

Kakuni

500 g de jarret de porc désossé ou d'échine
20 cl de saké
environ 40 cl de bouillon (page 12) ou d'eau
2 cuillères à soupe de mirin
2 cuillères à soupe de sucre
7 cuillères à soupe de shoyu
10 cl de katsuobushi

Placez le porc dans une casserole et versez le saké. Laissez mariner 30 minutes, tout en retournant le porc de temps en temps.

Versez du bouillon dans la casserole pour couvrir le porc. Portez à ébullition à feu vif, puis écumez. Baissez le feu, couvrez la casserole et laissez mijoter pendant environ une heure.

Sortez le porc et conservez 45 à 60 cl du liquide de cuisson. Découpez le porc en quatre morceaux égaux, placez-les dans une casserole propre avec le liquide conservé. Ajoutez le mirin et le sucre, portez à ébullition, puis baissez le feu, couvrez et laissez mijoter 30 minutes. Ajoutez 4 cuillères à soupe de shoyu et le katsuobushi, couvrez à nouveau et laissez mijoter encore 2 heures, tout en ajoutant le reste du shoyu après 1 heure. Transférez la viande dans un plat réchauffé et servez chaud.

Note : ce plat est originaire du port de Nagasaki. Contrairement au reste du Japon, ce port a été ouvert aux étrangers plusieurs siècles, et c'est grâce à l'influence des commerçants chinois et occidentaux que les premiers plats de viande vinrent de cette région (le boudhisme japonais n'autorise pas la consommation de viande). Au Japon l'estomac du porc est généralement utilisé pour la préparation du kakuni, toutefois, il se peut qu'il soit trop gras pour le goût occidental. Le jarret ou l'échine de porc sont beaucoup plus maigres.

Rosbif à la japonaise, fondue japonaise

Bœuf et légumes au bouillon

Shabu shabu

750 g de faux-filet ou de tende-de-tranche
4 têtes de chou chinois
2 poireaux minces, le blanc uniquement
1 botte de cresson
8 champignons de Paris moyens
100 g de tofu bien ferme
150 g de pousses de bambou en boîte, égouttées
un morceau carré de 10 cm de konbu
2 ciboules hachées fin
1 petit daikon, pelé et râpé, ou du momiji-oroshi (page 48)
4 tranches de citron
15 cl de shoyu (sauce de soja japonaise)

Sauce au sésame :
3 cuillères à soupe de tahini
10 cl de bouillon (page 12)
2 cuillères à soupe de shoyu
1 cuillère à soupe de mirin
1 1/2 cuillère à café de sucre
1 cuillère à soupe de saké
1 cuillère à café de sauce au piment (facultatif)

Préparez la viande, le chou, les poireaux, le cresson, les champignons et le tofu comme pour le sukiyaki (page 38). Faites cuire les pousses de bambou 3 minutes à l'eau bouillante, égouttez, puis découpez des morceaux en forme de demi-lune de 5 mm d'épaisseur, s'ils ne sont déjà coupés en tranches. Disposez la viande, le tofu et les légumes sur un grand plateau.

Pour la sauce au sésame mettez le tahini dans un saladier et ajoutez le bouillon, le shoyu, le mirin, le sucre et le saké. Mélangez bien le tout et ajoutez le piment, le cas échéant.

Placez le konbu dans un donabe (marmite de terre) ou une casserole à feu, et remplissez aux deux tiers d'eau froide. Portez à ébullition et retirez immédiatement le konbu. Transférez la marmite ou la casserole sur un réchaud au centre même de la table et portez à nouveau l'eau à ébullition.

Placez le plateau contenant la viande, le tofu et les légumes sur la table avec le bol de sauce au sésame et des bols séparés de ciboules hachées, de daikon ou de momiji-oroshi râpé, et de tranches de citron. Versez le shoyu dans un petit pot. Chaque convive doit avoir deux bols, un pour la sauce de sésame et un autre pour la sauce qu'il prépare lui-même en mélangeant les ciboules, le daikon, un peu de jus de citron et de shoyu, selon son goût. Les convives se servent en viande et légumes, les font cuire dans le bouillon et les trempent dans la sauce de leur choix.

Note : les ingrédients du shabu shabu sont fondamentalement les mêmes que ceux du sukiyaki (page 38), sauf qu'ils sont cuits dans un bouillon. Le nom shabu shabu est une onomatopée décrivant le bruit du linge que l'on lave : les convives prennent une tranche de viande avec leurs baguettes, les trempent dans le bouillon et les fouettent comme lorsqu'on lave du linge dans de l'eau.

Brochettes de porc

Buta teriyaki

1 kg de filet de porc émincé très fin
1 cuillère à café de gingembre frais, râpé
1 oignon moyen, épluché et haché fin
5 cuillères à soupe de shoyu
4 cuillères à soupe de sucre
4 cuillères à soupe de saké
brochettes de bambou

Placez tous les ingrédients dans un bol, mélangez bien le tout, puis laissez mariner au moins 1 heure.

Enfilez les morceaux de porc sur 4 brochettes, conservez la marinade. Faites griller 3 minutes de chaque côté, en arrosant fréquemment avec la marinade. Servez immédiatement.

Note : le porc mariné dans la sauce teriyaki est succulent, tout particulièrement s'il est grillé au feu de bois.

Le cas échéant, vous pourrez ajouter des ciboules, des têtes de champignons et des morceaux de poivron vert sur les brochettes, en alternant avec les morceaux de porc. En variante, vous pouvez utiliser du poulet, du bœuf, des crevettes ou du poisson.

Mixed grill

Mixed grill

Teppanyaki

4 faux-filets ou steaks de filet, ou 4 blancs de poulet, coupés en morceaux
8 crevettes décortiquées
2 courgettes moyennes, coupées en julienne
2 oignons moyens, épluchés et hachés fin
225 g de germes de soja frais
225 g de champignons de Paris
1 cuillère à soupe d'huile végétale

Sauce ponzu :
12 cl de shoyu
12 cl de jus de citron vert ou jaune
4 cuillères à soupe de mirin

Karashi jyoyu (sauce moutarde) :
2 cuillères à café de moutarde en poudre
2 cuillères à café d'eau chaude
2 cuillères à soupe de shoyu
2 cuillères à soupe de vinaigre de riz
1 cuillère à café d'huile de sésame

Disposez la viande, les crevettes et les légumes sur un grand plat.

Pour la sauce ponzu mélangez tous les ingrédients et versez dans 4 assiettes. Pour la sauce karashi jyoyu délayez la moutarde dans l'eau, puis ajoutez le reste des ingrédients. Versez dans 4 assiettes.

Chauffez une plaque chauffante ou une poêle à la table même. Ajoutez l'huile, puis un peu de viande et quelques crevettes. Dès que la viande est tendre, ajoutez quelques légumes dans la poêle et laissez cuire jusqu'à ce qu'ils soient tendres, mais toujours croustillants.

Servez la viande, les crevettes et les légumes dès qu'ils sont prêts, laissant aux convives le soin de les tremper dans leurs sauces pendant que le reste du teppanyaki continue de cuire.

Note : *teppan* signifie « fonte » et *yaki* « frire ». Pour ce plat on peut utiliser toute combinaison de viande, de fruits de mer ou de volaille avec des légumes de saison. Comme on peut le voir sur l'illustration, les radis, les feuilles d'épinards frais hachées, les poivrons rouges ou verts découpés en lamelles, les mange-tout, les haricots verts et les ciboules conviennent tous à la préparation de ce plat. Traditionnellement on utilise une plaque chauffante en fonte lourde posée sur la table ; à défaut on peut également utiliser une poêle électrique.

Bœuf cru

Yukhwe

225 g de faux-filet de bœuf
1 gousse d'ail, épluchée et écrasée
2 cuillères à café d'huile de sésame
1/2 cuillère à café de graines de sésame
1 1/2 cuillère à café de sucre
1/2 cuillère à café de sel
1/2 cuillère à café de poivre blanc fraîchement moulu
1 poire bien ferme
1/2 concombre
4 jaunes d'œufs de caille ou de poule

Congelez la viande 45 minutes ; laissez reposer 10 minutes sur une planche, puis découpez en petits morceaux avec un couteau bien affûté. Placez la viande ainsi découpée dans le réfrigérateur et laissez-la décongeler.

Mélangez la viande avec l'ail écrasé, l'huile de sésame, les graines de sésame, le sucre, le sel et le poivre.

Pelez et videz la poire, puis hachez-la en petits morceaux. Pelez le concombre, coupez-le en deux dans le sens de la longueur et retirez les graines avec une petite cuillère. Hachez finement la chair. Répartissez de façon égale les morceaux de poire et de concombre dans quatre assiettes.

Placez un quart du mélange de viande sur chaque lit de poire et concombre. Terminez avec un jaune d'œuf et servez immédiatement.

Note : le yukhwe est un amuse-gueule. Avant de consommer on mélange le jaune d'œuf et la viande.

Bœuf au miso

Niko no miso yaki

750 g de flanchet de bœuf, en un seul morceau
2 cuillères à soupe d'huile
graines de sésame grillées pour la garniture

Marinade :
4 cuillères à soupe d'akamiso
2 cuillères à soupe de shoyu
1 1/2 cuillère à soupe de sucre
1 cuillère à café de gingembre frais râpé
1 ciboule hachée

Coupez la viande en deux dans le sens de la longueur, puis coupez-la en fines tranches à contre-fil. Placez les tranches dans un bol avec l'akamiso, le shoyu, le sucre, le gingembre et la ciboule. Mélangez bien le tout, puis laissez mariner 10 minutes.

Placez une poêle sur feu vif. Ajoutez l'huile, la viande, puis la marinade. Faites cuire tout en remuant pendant environ 2 minutes. Servez chaud, saupoudré de graines de sésame grillées.

Note : l'akamiso donne à la viande un goût entièrement différent. Avec du riz vapeur chaud et une salade, ce plat constitue un repas familial rapide.

Poulet aux légumes

Iridori

2 shiitake séchés
100 g de gobo en boîte égoutté, ou navet frais
100 g de pousses de bambou en boîte, égouttées
75 g de renkon en boîte, égoutté ou de châtaignes d'eau, égouttées
1 carotte moyenne, pelée
1/2 konnyaku
5 cuillères à soupe d'huile
6 1/2 cuillères à soupe de shoyu
1 cuisse de poulet, désossée
1 cuillère à café de gingembre frais, haché fin
un peu de saké
4 cuillères à soupe de sucre
bouillon (page 12) ou eau
2 cuillères à soupe de mirin

Faites tremper les champignons dans de l'eau chaude 20 à 25 minutes. Égouttez-les, jetez les queues, coupez les chapeaux en petits morceaux de la taille d'une bouchée. Coupez également les autres légumes de la même façon. Prenez le konnyaku et faites-en de petits morceaux. Chauffez 1 cuillère à soupe d'huile dans une poêle à fond épais, ajoutez le konnyaku et faites frire 1 à 2 minutes, tout en arrosant avec 1/2 cuillère à soupe de shoyu. Sortez de la poêle et mettez de côté.

Découpez la viande en morceaux un peu plus gros que les légumes. Faites chauffer une autre cuillère à soupe d'huile dans la poêle. Ajoutez les morceaux de poulet et le gingembre haché. Arrosez avec un petit peu de saké, la moitié du sucre et 3 cuillères à soupe de shoyu. Faites dorer tout en remuant 2 minutes. Retirez le poulet de la poêle et mettez-le de côté. Conservez le jus de cuisson.

Faites chauffer le reste d'huile dans une casserole peu profonde. Ajoutez les champignons, les légumes et le konnyaku, faites frire 1 minute. Ajoutez le jus de cuisson du poulet et suffisamment de bouillon ou d'eau pour recouvrir les légumes. Placez un otoshibuta (petit couvercle en bois) ou une petite assiette retournée à l'intérieur de la casserole. Couvrez la casserole d'un couvercle et laissez mijoter 5 à 8 minutes.

Ajoutez le reste de sucre, replacez l'otoshi-buta et le couvercle, et laissez cuire encore 10 minutes. Ajoutez le mirin et le reste de shoyu, recouvrez et laissez cuire jusqu'à absorption totale du jus. Ajoutez les morceaux de poulet, faites cuire sur feu vif 30 secondes, puis laissez refroidir jusqu'au moment de servir.

Note : l'iridori est plus attrayant si on le sert garni de carottes bouillies en forme de fleurs et de petits pois frais. On peut également utiliser des noix de gingko.

Bœuf au miso, riz nature à la vapeur (page 18), concombre vinaigré (page 28)

Poulet teriyaki

Torino teriyaki

4 cuisses de poulet
3 cuillères à soupe d'huile
1 cuillère à soupe de mirin
1 cuillère à soupe de sucre
quelques brins de cresson pour la garniture
poudre de sansho, pour servir

Marinade :
1 cuillère à soupe de shoyu
1 cuillère à soupe de saké
1 cuillère à soupe de mirin
1 cuillère à café de jus de gingembre (voir note)

Désossez les cuisses de poulet, puis piquez la peau. Placez le poulet dans une assiette plate. Mélangez les ingrédients de la marinade, versez sur le poulet et laissez mariner 20 à 30 minutes.

Chauffez l'huile dans une poêle à fond épais. Sortez le poulet de la marinade, placez-le côté peau tourné vers le bas dans la poêle et faites frire jusqu'à ce que la peau soit légèrement dorée. Tournez le poulet et continuez à faire frire environ 10 minutes jusqu'à ce que le poulet soit tendre lorsqu'on le pique avec des hashi (baguettes).

Sortez le poulet de la poêle et jetez le restant d'huile. Ajoutez la marinade dans la poêle, puis le mirin et le sucre. Faites mijoter 2 à 3 minutes, puis remettez les cuisses de poulet dans la poêle et tournez-les pour qu'elles s'imbibent du jus.

Transférez le poulet sur une planche et coupez-le en tranches fines. Disposez les tranches sur un plat à servir chaud et garnissez de cresson. Servez chaud avec de la poudre de sansho.

Note : au Japon les hashi (baguettes) sont utilisées autant dans la cuisine qu'à table. On obtient le jus de gingembre en grattant une racine de gingembre frais et en exprimant ensuite le jus.

Brochettes de poulet

Yakitori

2 cuisses de poulet
2 petits poireaux, partie blanche uniquement, ou deux grandes ciboules
8 brochettes en bambou

Sauce tare :
7 cl de shoyu
7 cl de mirin
2 cuillères à soupe de sucre
2 cuillères à café de farine

Désossez les cuisses de poulet, puis découpez la viande en 24 morceaux de la taille d'une bouchée. Coupez les poireaux ou les ciboules en 16 morceaux. Mettez tous les ingrédients de la sauce dans une petite casserole. Portez à ébullition, en remuant, puis faites mijoter 10 minutes : la sauce doit réduire aux deux tiers de son volume original. Sortez du feu.

Enfilez 3 morceaux de poulet et 2 morceaux de poireau ou de ciboule, en alternance, sur 8 brochettes en bambou. Faites dorer sur du charbon de bois ou sous un gril ordinaire, puis arrosez de sauce tare. Ramenez sur le feu encore quelques minutes, sortez et arrosez à nouveau de sauce. Répétez jusqu'à ce que toute la sauce ait été utilisée.

Poulet aux cacahuètes

Tori-amazu

1 œuf
2 cuillères à soupe de maïzena
1 cuillère à café de sel
6 blancs de poulet, sans la peau
huile pour friture
50 g de cacahuètes, hachées
1 ciboule, hachée

Sauce :
4 cuillères à soupe de vinaigre de riz
12 cl d'eau
4 cuillères à soupe de sucre
12 cl de ketchup
2 cuillères à soupe de maïzena
1/2 cuillère à café de sel

Battez légèrement l'œuf avec la maïzena et le sel. Enrobez les blancs de poulet de cette pâte. Faites chauffer l'huile dans une friteuse et faites cuire et dorer les blancs de poulet.

Entre-temps, placez tous les ingrédients de la sauce dans une casserole et portez à ébullition, en remuant. Laissez mijoter jusqu'à ce que le tout soit épais.

Égouttez le poulet et découpez en tranches. Disposez sur un plat de service et versez la sauce. Saupoudrez avec les cacahuètes et la ciboule hachée.
Pour 6 personnes

Concombres farcis

Kyuri toriniku-zume

15 petits concombres, chacun d'environ 15 cm de long
huile pour friture
225 g de poulet, haché
1 cuillère à soupe de ciboule hachée fin
1 1/2 cuillère à soupe de graines de sésame blanc, grillées
1 petit poivron rouge, évidé et haché
1 1/2 cuillère à café de shoyu
1 cuillère à café de sucre
1 1/2 cuillère à café de sel
60 cl de bouillon (page 12)
1 cuillère à soupe de maïzena
1 cuillère à soupe d'eau

Coupez les extrémités des concombres, puis pratiquez six incisions en longueur autour de chacun. Faites chauffer un peu d'huile dans une poêle, ajoutez les concombres par lots, puis faites-les dorer. Égouttez sur du papier absorbant.

Mélangez le poulet, la ciboule, les graines de sésame, le poivron rouge, le shoyu, le sucre et 1/2 cuillère à café de sel. Enfoncez ce mélange dans les incisions des concombres jusqu'à ce qu'ils soient bien bombés.

Placez le bouillon et le reste du sel dans une casserole et portez à ébullition. Ajoutez les concombres et laissez mijoter à feu doux 20 à 30 minutes ; la farce doit être cuite. Égouttez les concombres, en conservant la sauce, et placez sur des plats de service. Mélangez la maïzena avec l'eau, puis ajoutez dans la sauce. Laissez épaissir tout en remuant. Versez sur les concombres avant de servir.
Pour 5 personnes

Riz aux légumes

Gomoku itame gohan

600 g de riz cuit à la vapeur (page 18)
4 cuillères à soupe de vinaigre de riz épicé
1 cuillère à soupe d'huile
2 blancs de poulet, sans la peau, émincés finement
1 carotte, émincée finement
12 haricots verts, émincés finement
5 champignons, en tranches
1 cuillère à soupe de sucre
3 cuillères à soupe de shoyu

Faites cuire le riz, puis incorporez le vinaigre. Dans l'huile chaude faites frire le poulet en remuant jusqu'à ce qu'il soit légèrement rissolé. Ajoutez la carotte et les haricots verts et laissez cuire, tout en remuant fréquemment, 10 minutes. Introduisez les champignons et faites cuire encore 2 minutes. Ajoutez le sucre et le shoyu. Sortez du feu et laissez refroidir, puis ajoutez le riz et mélangez.

Poulet aux légumes (page 42), brochettes de poulet

Poulet aux crevettes

Umani

4 shiitake séchés
4 grosses crevettes crues
sel
18 cl de bouillon (page 12)
3 cuillères à soupe de shoyu
3 cuillères à soupe de sucre
24 mange-tout
225 g de blanc de poulet coupé en cubes
4 cuillères à soupe de saké
450 g de pousses de bambou fraîches

Faites tremper les champignons à l'eau 30 minutes.

Plongez les crevettes dans de l'eau bouillante salée et laissez mijoter jusqu'à ce qu'elles aient une teinte rosée. Égouttez-les bien, décortiquez-les et enlevez le boyau noir. Mettez le bouillon, le shoyu, le sucre et une cuillère à café de sel dans la casserole, et portez à ébullition. Ajoutez les crevettes et laissez mijoter 2 minutes. Égouttez, conservez le liquide.

Mettez les mange-tout dans de l'eau bouillante salée et laissez mijoter 1 minute. Égouttez et ajoutez au liquide des crevettes. Laissez mijoter encore 1 minute. Égouttez et conservez le liquide.

Ajoutez le poulet et le saké au liquide des crevettes et laissez mijoter jusqu'à ce que le poulet soit tendre. Égouttez et conservez le liquide.

Égouttez les champignons, jetez les queues et émincez les têtes. Ajoutez les pousses de bambou au liquide et laissez mijoter jusqu'à ce qu'elles soient presque tendres. Ajoutez les champignons et laissez mijoter avec les pousses de bambou jusqu'à ce que les deux légumes soient tendres. Mettez tous les autres ingrédients dans la casserole et réchauffez.

Cuisses de poulet marinées

Tori no komi yaki

4 cuillères à soupe de shoyu
6 cuillères à soupe de mirin
1 cuillère à soupe de graines de sésame blanc, grillées
1 petit poivron rouge, évidé et haché
1 ciboule hachée
5 cuisses de poulet
huile pour friture

Mélangez le shoyu, le mirin, les graines de sésame, le poivron rouge et la ciboule dans une assiette plate.

Poulet frit aux algues, poulet aux crevettes

Ajoutez les cuisses de poulet, retournez-les afin de bien les imprégner. Laissez mariner au moins deux heures.

Huilez légèrement une poêle et chauffez. Ajoutez les cuisses de poulet et faites-les dorer de tous côtés environ 15 minutes, en arrosant avec la marinade de temps en temps.

Pour 5 personnes

Poulet frit aux algues

Poulet oharame

175 g de blanc de poulet, sans la peau
1 cuillère à soupe de shoyu
1 cuillère à soupe de saké
1/2 feuille de nori,
découpée en bandes de 1 cm de large
1 blanc d'œuf, légèrement battu
huile pour friture

Coupez le poulet en lamelles, d'environ 5 cm × 5 mm. Mélangez-les avec le shoyu et le saké, et laissez mariner 1 heure.

Prenez quatre à cinq lamelles de poulet d'une main. De l'autre, trempez l'extrémité d'une bande d'algue dans le blanc d'œuf et enroulez-la autour du centre des lamelles de poulet. Faites frire à l'huile chaude. Égouttez sur du papier absorbant.

Pour 4 à 6 personnes

Poulet au bouillon

Mizutaki

8 shiitake séchés
1 poulet de 1,25 kg,
désossé et coupé en morceaux de 2,5 cm
1 poivron vert, évidé et émincé
1/2 concombre émincé
quelques carottes pelées et coupées
quelques mange-tout préparés
1 bloc de tofu coupé en cubes de 2 cm
1 napa moyen coupé en tranches de 2 cm
quelques ciboules, coupées sur une longueur de 5 cm
1 l de bouillon (page 12)
1 cuillère à soupe de saké
1 petit morceau de konbu

Gomatare (sauce de sésame) :
1 cuillère à soupe de shiromiso
4 cuillères à soupe de graines de sésame,
grillées et pilées
3 cuillères à soupe de mirin
1 cuillère à soupe de sucre
2 1/2 cuillères à soupe de shoyu
12 cl de bouillon (page 12)
1/2 cuillère à café d'huile

Faites tremper les champignons à l'eau chaude 20 minutes. Égouttez-les, séchez-les, jetez les queues puis émincez les têtes.

Disposez le poulet et les légumes de façon décorative sur un grand plat. Mélangez tous les ingrédients de la sauce et répartissez dans des bols.

Mettez le bouillon dans une casserole et placez au milieu de la table. Portez le bouillon à ébullition, ajoutez le saké, le konbu et le poulet, puis faites cuire 15 minutes. Les convives se servent eux-mêmes en poulet et légumes et font cuire ceux-ci dans le bouillon, puis les passent dans la sauce.

Riz au poulet

Toriniku donburi

3 1/2 cuillères à soupe de shoyu
2 cuillères à soupe de mirin
175 g de blancs de poulet cuits en tranches
1 l de bouillon de poule
(préparé avec la carcasse et les abats)
500 g de riz japonais à grain moyen

Mélangez le shoyu et le mirin dans une petite assiette. Ajoutez le poulet et enrobez bien. Laissez mariner 15 à 20 minutes. Égouttez le poulet et conservez la marinade.

Ajoutez la marinade au bouillon et portez à ébullition dans une grande casserole. Ajoutez le riz, couvrez et laissez cuire à feu doux 10 minutes : le riz doit avoir absorbé le bouillon. Répartissez-le dans des bols, et mettez le poulet mariné dessus.

Canard mariné braisé

Kamo no tsukiyaki

1 canard de 2,5 à 2,75 kg, en morceaux
12 cl de shoyu
45 cl de saké
1 cuillère à café de gingembre frais râpé
sel
poivre
2 cuillères à soupe d'huile
1 gros oignon émincé
225 g de champignons émincés

Dégraissez le canard. Mélangez le shoyu, le saké et le gingembre dans une assiette plate, puis salez et poivrez à votre goût. Ajoutez les morceaux de canard, retournez-les afin de bien les imprégner. Laissez mariner 4 heures ou toute une nuit.

Égouttez le canard, conservez la marinade. Dans l'huile chaude, faites-le dorer de tous côtés. Ajoutez l'oignon et les champignons, puis faites cuire encore 5 minutes. Dégraissez le jus et ajoutez la marinade mise de côté. Portez à ébullition, couvrez et faites mijoter lentement 1 1/2 heure ; le canard doit être très tendre.

Poissons et fruits de mer

Le Japon est une île entourée de mers riches en poissons, ce qui explique la vaste quantité de poissons, coquillages et algues dans la cuisine du pays. Seule une infime partie des terres convient à l'agriculture, les Japonais se voient donc obligés de compter sur la mer en tant que source majeure de nourriture. Les Japonais sont surtout connus pour leur passion du poisson cru, et le sashimi est peut-être le plus fameux de leurs plats. Pour la préparation du sashimi seuls les poissons les plus frais doivent être utilisés, et le plus grand soin est apporté à la préparation et la présentation.

Carrelets frits

Karei no Kara-age

4 petits carrelets, écaillés et vidés
sel
2-3 cuillères à café de saké
farine pour l'enrobage
huile pour friture

Pour la garniture :
momiji-oroshi (voir note)
4 tranches de citron

Lavez les poissons et enlevez les têtes. Pratiquez deux incisions en croix dans leur peau, de chaque côté, puis placez sur un égouttoir. Saupoudrez de sel et arrosez de saké, puis laissez reposer 10 minutes.

Enrobez les poissons de farine. Chauffez l'huile à 160 °C. Faites frire les carrelets jusqu'à ce que les incisions dans la peau s'ouvrent, puis augmentez le feu. Sortez et égouttez. Garnissez de momiji-oroshi et de citron.

Note : pour préparer le momiji-oroshi (« feuilles d'automne » râpées), percez un trou, dans le sens de la longueur, dans un daikon. Insérez des piments rouges dans le daikon, qui prendra leur couleur quand vous le râperez, tel une feuille d'automne.

Fleurs d'œufs

Hana tarako

225 g d'œufs de cabillaud non fumés
sel
20 cl de bouillon (page 12)
10 cl de saké
5 cl de mirin
3 cuillères à soupe de sucre
1 cuillère à soupe de shoyu
100 g de mange-tout, légèrement cuits

Lavez les œufs de poisson dans de l'eau légèrement salée. Pratiquez une incision dans la peau. Mélangez le bouillon dans une casserole avec le saké, le mirin, le sucre, le shoyu et 1/2 cuillère à café de sel. Portez à ébullition, ajoutez les œufs et faites cuire quelques minutes. Baissez le feu et laissez mijoter 20 minutes. Laissez refroidir.

Égouttez les œufs, jetez le liquide de cuisson, puis découpez en forme de « fleurs », de 2 cm d'épaisseur. Répartissez ces « fleurs » et les mange-tout dans 4 assiettes, tout en saupoudrant légèrement les mange-tout de sel.

Fleurs d'œufs, carrelets frits

Poisson braisé

Nizakana

1 cuillère à soupe d'huile
1 kg de saumon frais, coupé en morceaux
1 oignon moyen coupé en deux
et découpé en tranches de 1 cm d'épaisseur
1 1/2 cuillère à soupe de saké
2 cuillères à soupe d'eau
4 cuillères à soupe de shoyu
2 1/2 cuillères à soupe de sucre
1 cuillère à café de gingembre frais râpé

Dans une poêle à feu modéré, placez l'huile, le poisson et l'oignon. Mélangez les autres ingrédients, puis versez-les dans la poêle. Couvrez et laissez mijoter environ 10 minutes : le poisson doit s'effriter. Servez chaud.

Pour 4 à 6 personnes

Note : servez avec du riz et un légume vert, et du shichimi et du sansho comme condiment.

Sashimi de maquereau

Sabano sashimi

1 gros maquereau frais
2 cuillères à soupe de vinaigre de riz
5 cm de gingembre frais, pelé et râpé
shoyu

Videz le maquereau et enlevez la tête, puis lavez abondamment et levez les filets. Séchez avec du papier absorbant.

En partant de la queue retirez la peau transparente, sans toucher à la partie argentée. A l'aide de petites pinces, enlevez toutes les arêtes cachées au centre des filets de maquereau. Coupez en diagonale des tranches d'environ 2-3 cm d'épaisseur.

Disposez les tranches de maquereau sur un plat, arrosez avec le vinaigre de riz. Servez le gingembre râpé et le shoyu séparément.

Note : ce plat est simple à préparer et à servir ; chaque convive mélange le gingembre et le shoyu à son goût dans un petit bol, puis y trempe un morceau de maquereau avant de le manger.

Saumon à la lie de saké

Shake no Kasuzuke

4 darnes de saumon frais
1 1/2 cuillère à soupe de sel

Marinade :
45 cl de kasu
225 g de sucre

Pour servir :
1 petite laitue, hachée
1/2 petit daikon en purée

La préparation de ce plat s'étend sur onze jours.

Mettez le saumon dans un bol et saupoudrez les deux côtés avec du sel. Couvrez avec une feuille de plastique ou d'aluminium, et laissez dans le réfrigérateur 4 jours afin de permettre à la chair de saumon de se raffermir.

Égouttez bien le poisson, puis séchez-le avec du papier absorbant. Mélangez les ingrédients de la marinade et utilisez-la pour enrober les deux côtés du saumon. Mettez dans un plat. Couvrez, puis conservez au réfrigérateur 7 jours avant de servir.

Enlevez la plus grande partie de la marinade du saumon, puis grillez les tranches environ 7 minutes, sur un côté seulement, jusqu'à ce que le poisson s'effrite facilement lorsqu'on le pique avec une fourchette. Ne faites pas trop cuire, car la marinade fait que le poisson risque de brûler facilement. Servez chaud avec des petits tas de laitue et de daikon en purée.

Note : lorsqu'il y a abondance de saumon frais, il s'agit ici d'une excellente recette permettant d'en conserver pour utilisation ultérieure. Ce plat, qui peut être utilisé comme entrée toute prête, se conserve pendant des mois au réfrigérateur. Le goût du kasu s'harmonise bien avec le saumon, toutefois, il s'agit d'un goût fort, auquel il faut s'habituer.

Poisson grillé au sel

Shio zaki

1,75 kg de maquereau ou de rouget
sel

Pour servir :
quelques tranches de citron
shoyu (facultatif)

Enlevez les écailles du poisson, tout en laissant la peau intacte. Nettoyez bien le poisson, puis saupoudrez légèrement de sel à l'intérieur et à l'extérieur. Laissez reposer environ 30 minutes.

Pratiquez 3 incisions en biais sur la surface du poisson. Faites griller sous un gril préchauffé environ 5 minutes de chaque côté, jusqu'à ce que le poisson s'effrite facilement lorsqu'on le pique avec une fourchette ; ne le faites pas trop cuire.

Servez chaud avec les tranches de citron et le shoyu. Si vous préférez, servez le shoyu séparément.

Nota : cette préparation de poisson riche en protéines est extrêmement simple — le gras dans la peau du poisson est éliminé lors de la cuisson et le sel fait que le poisson est toujours délicieusement humecté. Le riz vapeur chaud et le thé vert s'accommodent très bien avec ce plat.

Maquereau mariné

Tatsuta-age

2 maquereaux moyens, pesant au total 750 g, les filets levés
4 cuillères à soupe de shoyu
2 cuillères à soupe de saké
1 cuillère à café de jus de gingembre (voir note)
50 g de maïzena
huile pour friture
8 petits champignons de Paris, essuyés et préparés

Pour la garniture :
4 tranches de citron
5 cm de daikon, pelé et râpé

A l'aide de petites pinces enlevez toutes les arêtes qui sont cachées au centre des filets de maquereau. Placez les filets, peau tournée vers le bas, sur une planche et coupez-les, légèrement en diagonale, en tranches d'environ 2-3 cm d'épaisseur. Mettez le shoyu dans une assiette plate avec le saké et le jus de gingembre, et mélangez bien le tout. Ajoutez les tranches de maquereau, couvrez et laissez mariner environ 10 minutes, tout en remuant de temps en temps afin de vous assurer que les tranches de maquereau sont uniformément enrobées.

Égouttez-les, puis enrobez-les dans de la maïzena. Faites chauffer l'huile à 160 °C et faites frire les tranches de maquereau jusqu'à ce qu'elles aient une couleur dorée. Sortez de l'huile avec une écumoire et égouttez sur du papier absorbant. Maintenez au chaud.

Enrobez les champignons avec le reste de la maïzena. Ajoutez-les à l'huile chaude et faites frire 1 minute. Sortez et égouttez comme pour les tranches de maquereau. Disposez quelques tranches de maquereau et deux champignons sur quatre assiettes chaudes. Garnissez chaque assiette avec une tranche de citron et un peu de daikon râpé. Servez immédiatement.

Note : tatsuta-age est une méthode de cuisson en friture. Dans cette recette le poisson est mariné avant d'être frit, afin de relever son goût. On peut utiliser n'importe quel type de poisson, de viande ou de volaille. Pour obtenir du jus de gingembre, râpez une racine de gingembre frais, puis exprimez-en le jus.

Poisson grillé au sel, saumon à la lie de saké

Poisson mariné au miso

Uono Misoyaki

4 filets de dorade, de haddock, de merlan
ou de maquereau
sel
branches de persil pour la garniture

Marinade de miso :
500 g de miso blanc
10 cl de mirin

Placez les filets de poisson, peau tournée vers le bas, sur un égouttoir. Saupoudez de sel, puis laissez reposer au moins 1 heure.

Mettez le miso et le mirin dans un bol et mélangez à l'aide d'une cuillère en bois. Étalez la moitié de ce mélange de façon uniforme sur le fond d'un plat à four de taille moyenne et recouvrez avec un morceau de mousseline. Posez les filets de poisson directement dessus, puis recouvrez avec un autre morceau de mousseline. Étalez le restant du miso sur le tissu de sorte que les filets soient pris en sandwich entre les couches de miso. Couvrez le plat et laissez mariner toute une nuit.

Le jour suivant, sortez les filets et séchez-les avec du papier absorbant. Préchauffez le gril et la grille du gril. Entre-temps pratiquez des incisions décoratives sur la peau des poissons, soit en biais, soit en croix. Placez le poisson sur la grille du gril et faites-les dorer à feu modéré. Tournez le poisson et faites griller l'autre côté. Servez chaud, garni avec des branches de persil.

Note : la viande, et tout particulièrement le bœuf, peut être marinée de la même façon que le poisson dans cette recette ; dans ce cas utilisez du miso rouge de préférence au miso blanc, et ajoutez 2 cuillères à soupe de sucre afin d'obtenir une marinade beaucoup plus forte. Le miso peut être utilisé une deuxième fois si vous ajoutez un peu de miso frais et, même après une deuxième utilisation, vous pourrez vous en servir pour faire de la soupe de miso.

Boulettes de sardine

Tsukune

500 g de sardines
2 ciboules, hachées fin
1 œuf
1 1/2 cuillère à soupe de saké
1/2 cuillère à café de jus de gingembre
(voire note, Maquereau mariné, page 50)
une pincée de sel
2 cuillères à soupe d'huile
1 1/2 cuillère à soupe de shoyu
1 1/2 cuillère à soupe de mirin
10 brochettes en bambou japonaises

Écaillez et videz les sardines, enlevez les têtes. Avec les doigts, enlevez les arêtes du ventre. Placez les sardines sur une planche, la peau tournée vers le bas. A l'aide d'un couteau pointu bien affûté, séparez la peau de la chair. Hachez fin la chair ou passez dans une moulinette électrique pendant quelques secondes, puis placez dans un bol.

Ajoutez les ciboules, l'œuf, le saké, le jus de gingembre et le sel aux sardines, puis mélangez bien le tout. Avec les mains, préparez 20 petites boulettes.

Faites chauffer l'huile dans une poêle à fond épais, ajoutez les boulettes de sardines et faites frire à feu vif jusqu'à ce que les boulettes soient uniformément dorées. Baissez le feu, mélangez le shoyu et le mirin, et versez sur les boulettes. Sortez du feu et laissez refroidir légèrement, puis disposez 2 boulettes sur chaque brochette en bambou. Servez à température ambiante.

Note : si vous trouvez que la texture du mélange n'est pas assez consistante pour former les boulettes (ce qui est fort possible si vous utilisez des sardines congelées), ajoutez 1 à 2 cuillères à soupe de maïzena afin d'épaissir la texture et la rendre plus facile à manipuler.

Cabillaud en donabe

Tara-chiri

750 g de filets de cabillaud
225 g de tofu bien ferme
225 g d'épinards
8-10 cm de konbu carré
2 petits poireaux, lavés et émincés

Pour servir :
4 ciboules, hachées fin
du momiji-oroshi (page 48)
4 tranches de citron
shoyu
riz japonais nature

Découpez les filets en gros morceaux carrés de 5 cm, conservez la peau. Découpez le tofu en cubes de la taille d'une bouchée. Lavez et préparez les épinards, puis coupez-les en longueurs de 5 cm.

Placez le konbu dans un donabe (marmite de terre) ou une casserole à feu, et remplissez aux deux tiers d'eau froide. Portez à ébullition et sortez immédiatement le konbu. Transférez le donabe ou la casserole sur un réchaud sur la table. Portez à ébullition, puis ajoutez la morue, le tofu, les épinards et les poireaux.

Chaque convive prépare une sauce dans son propre bol en mélangeant les ciboules, le momiji-oroshi, un peu de jus de citron et du shoyu. Il prend ensuite des morceaux dans la marmite et les trempe dans la sauce. Le riz se sert séparément.

Note : à la fin du repas, assaisonnez le liquide restant dans la marmite avec du sel, du shoyu et du jus de citron selon votre goût, puis ajoutez-y du riz nature ou des nouilles. Servez en tant que soupe.

Assortiment de poissons crus

Assortiment de poissons crus

Sashimi

750 g de poissons frais divers (voir note)
1 cuillère à café de wasabi en poudre
shoyu
5 cm de daikon, pelé et émincé
riz japonais nature pour servir

Évidez le poisson, puis lavez-le abondamment (pour le calmar, nettoyez-le puis enlevez la poche à encre, comme pour la cuisson). Vous pouvez demander à votre poissonnier d'évider et de préparer les filets de poisson pour vous, ou vous pouvez le faire vous-même. Une fois qu'il est découpé en filets, ne lavez pas le poisson, sinon il sera trop mouillé et n'aura pas la consistance voulue pour être servi cru.

Découpez le poisson avec un couteau très affûté. Les filets de poissons comme les soles et les carrelets doivent être minces comme du papier ; les bars et les dorades sur 1 cm d'épaisseur. Le thon doit être découpé en petits morceaux de 5 mm à 1 cm d'épaisseur, de la taille d'une bouchée. Pelez les calmars, les poulpes et les seiches, puis découpez-les en lamelles de 5 cm de long et 5 mm de large.

Mettez la poudre de wasabi dans un coquetier, ajoutez 1 cuillère à café d'eau froide et remuez ; la consistance doit être ferme, mais lisse. Gardez le coquetier bien couvert jusqu'au moment de servir, sinon, le goût relevé du wasabi sera perdu. Versez le shoyu dans des assiettes plates.

Pour servir, disposer les différents poissons de manière décorative sur un grand plat ou une planche, puis garnissez avec le daikon. Faites une petite motte de wasabi et placez-la sur le plat ou la planche. Les convives mélangeront un petit peu de wasabi avec du shoyu, puis tremperont une tranche de sashimi dans cette sauce avant de manger.

Note : sashimi est le terme général pour les préparations de poisson cru ; *sashi* signifie « percer d'un coup de couteau » ou « découper », et *mi* signifie « corps » ou « viande ». Il peut être servi en entrée ; toutefois, avec du riz, il peut servir de plat principal. Vous pouvez utiliser du thon, du saumon, de la plie, de la sole, du bar, de la dorade, du maquereau, des crevettes, du calmar, de la seiche, de la bonite, de la carpe ou de la truite. Quel que soit le poisson que vous aurez choisi, il doit être très frais, et vous devez en servir au moins trois types différents pour que le sashimi soit un plat principal intéressant. Choisissez les poissons les plus frais du jour, évitez tout calmar ou seiche de couleur rougeâtre.

Tempura aux fruits de mer

Tempura

8 grosses crevettes sans tête crues
1 calmar moyen, nettoyé
1 gros poivron rouge
8 champignons de Paris, coupés en deux
1 grosse carotte, pelée
100 g de haricots verts, préparés
1 petite aubergine coupée en tranches
100 g de mange-tout, préparés
huile pour friture
farine, pour l'enrobage

Pâte à frire :
1 œuf
75 g de farine
25 g de maïzena

Sauce tentsuyu :
20 cl de bouillon (page 12)
5 cl de shoyu
5 cl de mirin

Pour servir :
3 cm de gingembre frais, pelé et râpé
5 cm de daikon, pelé et râpé
1 citron vert coupé en tranches

Lavez et décortiquez les crevettes, en ne conservant la carapace qu'au niveau de la queue. Enlevez le boyau noir, puis faites une fente le long du ventre pour qu'elles ne se recroquevillent pas. Pelez le calmar et coupez-le en deux. Avec un couteau bien affûté, pratiquez de petites entailles diagonales sur l'extérieur pour qu'il ne se recroqueville pas. Coupez le corps en morceaux de 5 × 4 cm. Coupez le poivron en quatre dans le sens de la longueur ; évidez-le, puis coupez chaque morceau en 8 petits morceaux de la taille d'une bouchée. Coupez les champignons en deux. Coupez la carotte en morceaux de 5 cm, puis découpez chacun en tranches dans le sens de la longueur. Pratiquez un entaille aux deux extrémités, puis tordez les bandes dans le sens opposé afin d'obtenir un triangle décoratif.

Préparez la pâte à frire juste avant utilisation : mélangez l'œuf et 10 cl d'eau glacée dans un bol puis, à l'aide d'un tamis, incorporez la farine et la maïzena. Mélangez rapidement avec deux paires de hashi (baguettes) ou une fourchette. Ne mélangez pas trop : il doit subsister des grumeaux.

Placez un égouttoir sur un plat à four et mettez sur le côté de la cuisinière. Faites chauffer l'huile à environ 160 °C. Plongez les morceaux de poivron dans la pâte à frire de façon à ce que seul l'intérieur en soit recouvert, faites frire le côté peau environ 30 secondes, puis égouttez. Répétez avec la carotte, les champignons, les haricots verts, les tranches d'aubergine et les mange-tout.

Montez la température de l'huile à 180 °C. En tenant les crevettes par la queue, trempez-les dans la pâte à frire, une à une (n'enrobez pas la carapace de la queue). Faites frire environ 1 minute, puis enlevez et égouttez. Enrobez les morceaux de calmar de farine, trempez-les dans la pâte à frire et faites frire dans l'huile chaude 1 minute. Enlevez et égouttez. Faites frire le reste des légumes.

Pour la sauce, portez le bouillon à ébullition dans une petite casserole avec le shoyu et le mirin, puis versez dans 4 petits bols. Disposez les fruits de mer et les légumes sur un plat avec le gingembre et le daikon râpés. Garnissez avec les tranches de citron vert et servez immédiatement, avec les bols de sauce. Chaque convive ajoute du gingembre et du daikon dans sa sauce, selon son goût, puis y trempe les beignets.

Note : le tempura est un plat japonais très connu. Ne mélangez pas trop les ingrédients de la pâte à frire — l'objectif est d'avoir une pâte légère et grumeleuse, qui ne doit ni coller ni couler. Si vous arrivez à mélanger la pâte avec deux paires de hashi (baguettes), vous verrez que ceci vous donne exactement la consistance voulue.

Ragoût de poisson

Chiri nabe

15 cm de konbu
1,75 l d'eau
225 g de rouget découpé en filets, du cabillaud ou tout autre poisson blanc, découpés en petits morceaux
1 botte de ciboules, découpées en biais
4 shiitake frais, équeutés ou des champignons de Paris
1 bloc de tofu coupé en morceaux de 2-3 cm
4 grosses feuilles de napa, coupées en morceaux de 5 cm

Sauce :
12 cl de shoyu
18 cl de jus de citron
assaisonnements suggérés : ciboules hachées, graines de sésame grillées, gingembre fraîchement râpé, daikon blanc râpé (radis japonais), shichimi

Rincez le konbu, essuyez avec un chiffon humide et placez dans un caquelon à fondue. Ajoutez l'eau, portez à ébullition, puis ajoutez le poisson. Portez à nouveau à ébullition et ajoutez les ciboules, les champignons, le tofu et les feuilles de napa. Portez de nouveau à ébullition, en remuant constamment. Les légumes doivent être croquants, et le poisson bien cuit.

Pour la sauce mélangez le shoyu et le jus de citron, puis ajoutez les assaisonnements suggérés, à votre goût. Répartissez dans les assiettes.

Servez le ragoût de poisson chaud avec la sauce et du riz vapeur.

Tempura aux fruits de mer

Salade de fruits de mer

Salade umi-no sachi

3 shiitake frais
1 petite laitue, feuilles coupées en carrés de 2-3 cm
3 radis, en tranches fines
1 concombre, coupé en fines lamelles de 2,5 cm de long
2 boîtes de 200 g de thon, de crabe ou de crevettes grises, égouttés et émiettés

Sauce :
25 cl de vinaigrette préparée
100 g de graines de sésame écrasées
quelques gouttes de shoyu
quelques gouttes de bouillon (page 12)
quelques gouttes de mirin

Plongez les champignons dans de l'eau bouillante et laissez cuire 2 à 3 minutes. Égouttez et laissez refroidir, puis émincez. Placez tous les légumes dans de l'eau froide et laissez reposer environ 15 minutes.

Entre-temps, mélangez les ingrédients de l'assaisonnement. Égouttez les légumes et disposez-les dans un plat à servir. Entassez les fruits de mer au-dessus et versez la sauce.

Pour 6 personnes

Salade de riz

Salade ebi to gohan no

600 g de riz cuit à la vapeur
1 boîte de germes de soja (425 g) égouttés
2 branches de céleri, coupées en biais
1/2 poivron vert, évidé et coupé en carrés
1 boîte de châtaignes d'eau (150 g), égouttées et coupées en tranches
450 g de crevettes cuites, décortiquées et hachées
4 cuillères à soupe de vinaigre de riz
4 cuillères à soupe d'huile
4 cuillères à soupe de shoyu
2 ciboules émincées

Mélangez dans un bol le riz, les germes de soja, le céleri, le poivron vert, les châtaignes d'eau et les crevettes. Couvrez et réfrigérez au moins 30 minutes.

Mélangez le vinaigre, l'huile et le shoyu, puis versez cet assaisonnement sur la salade. Ajoutez les ciboules et tournez.

Pour 6 personnes

Salade de fruits de mer

Poisson vapeur au gingembre

Mishi zakana

1,5 kg de filets de poisson blanc coupés en morceaux
1 cuillère à soupe de gingembre frais râpé
1 cuillère à soupe de sel
4 ciboules
5 cuillères à soupe d'huile chauffée
5 cuillères à soupe de shoyu
ciboules hachées pour la garniture

Lavez le poisson et séchez-le sur du papier absorbant. Disposez-le sur un plat à four et saupoudrez de gingembre et de sel. Posez les ciboules dessus. Couvrez et faites cuire à la vapeur 5 à 10 minutes, jusqu'à ce que le poisson s'effrite facilement.

Sortez le plat du four, jetez les ciboules et le liquide du plat. Mélangez l'huile et le shoyu, et versez sur le poisson. Garnissez avec les ciboules hachées.

Pour 6 personnes

Riz au poisson

Sakana gohan

2 shiitake séchés
1 poisson blanc de 350 g, préparé
1 l d'eau
4 cuillères à soupe de saké
sel
650 g de riz à grain moyen
4 feuilles d'épinards ou branches de persil
35 cl de bouillon (page 12)
1/4 de cuillère à café de shoyu
1 poireau cuit et haché fin pour la garniture

Faites tremper les champignons dans l'eau 30 minutes. Découpez le poisson en trois portions dans le sens de la largeur. Placez le tout dans une casserole, puis versez l'eau. Portez à ébullition et laissez mijoter jusqu'à ce que le poisson s'émiette facilement lorsqu'on le pique avec une fourchette. Sortez le poisson avec une écumoire puis émiettez-le en jetant la peau et les arêtes. Mettez-le de côté.

Passez le liquide de cuisson et versez-le dans la casserole. Introduisez le saké et 1 cuillère à soupe de sel, puis portez à ébullition. Ajoutez le riz, remuez, portez à nouveau à ébullition. Ajoutez le poisson émietté, couvrez bien, faites cuire environ 20 minutes ; le riz doit avoir absorbé la totalité du liquide.

Entre-temps égouttez les champignons et jetez les queues. Plongez les têtes et les épinards, ou le persil, dans de l'eau bouillante et laissez mijoter jusqu'à ce qu'ils soient tendres. Égouttez.

Versez le bouillon dans la casserole où vous avez fait cuire les légumes et introduisez le shoyu et 1/4 de cuillère à soupe de sel. Portez à ébullition. Ajoutez les champignons et les épinards, ou le persil. Répartissez le riz dans des bols et versez le bouillon dessus. Garnissez avec le poireau.

Homard en carapace

Kabuto-age

2-3 shiitake séchés
1 homard cuit de 1 kg
1 petite carotte, coupée en lamelles de 2 cm de long
1-2 pousses de bambou en boîte, coupées
en lamelles de 2 cm
1 cuillère à café de shoyu
1 cuillère à café de saké
1 cuillère à café de sucre
1 cuillère à soupe de bouillon (page 12)
1 œuf
une pincée de sel
huile pour friture
quelques petits pois cuits
4 cuillères à soupe de chapelure
tranches de citron pour la garniture

Faites tremper les champignons dans de l'eau 30 minutes. Égouttez, jetez les queues et émincez les chapeaux.

Retirez la chair du corps et des pinces du homard, jetez les intestins et les parties molles. Conservez la carapace. Découpez la chair en fines lamelles.

Faites cuire les champignons et la carotte à l'eau bouillante 2 minutes, puis égouttez. Remettez les légumes dans la casserole et ajoutez les pousses de bambou. Mélangez le shoyu, le saké, le sucre et le bouillon. Incorporez aux légumes.

Huilez légèrement une petite poêle, versez-y l'œuf et le sel et remuez jusqu'à ce qu'il soit tout juste brouillé. Sortez du feu et mélangez avec les légumes, les petits pois et la chair du homard. Remplissez la carapace, puis étalez la chapelure dessus. Faites chauffer l'huile à 195 °C et faites frire la carapace du homard jusqu'à ce qu'elle soit bien dorée et très chaude. Égouttez et servez avec les tranches de citron.

Pour 1 personne

Clovisses grillées

Yari hamaguri

12 cl de shoyu
12 cl de saké
4 cuillères à soupe de soupe de haricots noirs
condensée
3 cuillères à soupe de sucre
24 clovisses, cuites à la vapeur et sorties
de leurs coquilles
2 cuillères à soupe d'huile

Mélangez le shoyu, la saké, la soupe et le sucre dans une casserole. Portez à ébullition, tout en remuant. Sortez du feu. Plongez les clovisses dans ce mélange, puis posez-les sur une feuille d'aluminium huilée. Faites griller environ 2 minutes de chaque côté. Servez avec le reste de sauce.

Cabillaud teriyaki

Tara no teriyaki

4 darnes de cabillaud

Sauce :
2 cuillères à soupe de shoyu
2 cuillères à soupe de mirin
1 cuillère à soupe de saké
1 cuillère à soupe de sucre

Pour la sauce mettez le shoyu, le mirin, le saké et le sucre dans une petite casserole et faites bouillir 1 minute. Sortez du feu.

Enfilez chaque darne sur deux brochettes métalliques légèrement huilées, puis faites cuire le poisson sous un gril chaud préchauffé jusqu'à ce qu'il soit légèrement doré des deux côtés. Sortez du gril et enduisez-le de sauce. Remettez sous le gril et laissez cuire jusqu'à ce que la sauce ait séché. Répétez avec un peu plus de sauce jusqu'à ce qu'elle ait été toute utilisée. Faites tourner les brochettes dans le poisson chaque fois que vous le sortez du gril, pour qu'elles ne collent pas au poisson.

Retirez les brochettes et placez le poisson sur quatre assiettes. Servez immédiatement.

Note : n'enlevez pas la peau ou les arêtes du poisson, sinon il risque de s'émietter lors de la cuisson.

Poisson au tofu

Nioroshi

350 g de filets de poisson blanc
maïzena
750 g de tofu soyeux, chaque bloc découpé en 4 morceaux
huile pour friture

Sauce :
60 cl de bouillon (page 12)
5 cuillères à soupe de shoyu
3 cuillères à soupe de mirin
daikon râpé fin, tout le jus en ayant été exprimé

Pour la garniture :
ciboule hachée fin
tranches de citron

Enrobez légèrement le poisson de maïzena. Enveloppez les morceaux de tofu dans un linge et frappez légèrement afin d'éliminer tout excédent de liquide. Dans l'huile à 180° faites frire le poisson et les morceaux de tofu, jusqu'à ce qu'ils soient bien dorés et bien cuits.

Pour la sauce versez le bouillon, le shoyu et le mirin dans une casserole et portez à ébullition. Sortez du feu et incorporez le daikon râpé.

Égouttez le poisson et le tofu sur du papier absorbant et disposez sur un plat. Versez la sauce dessus et garnissez de ciboule et de citron.

Sardines dorées

Iwashi no nishiki-age

8 sardines moyennes
sel
2 branches de persil, hachées fin
2 œufs
1 cuillère à café de mirin
farine
2 cuillères à soupe d'huile
4 tranches de citron pour la garniture

Coupez les têtes des sardines, videz-les puis lavez abondamment dans de l'eau légèrement salée. Ouvrez les sardines et enlevez les arêtes à la main. Saupoudrez-les légèrement de sel.

Mettez le persil dans une assiette plate avec les œufs, le mirin et 1 cuillère à café de sel. Battez et mélangez bien le tout. Enrobez légèrement le poisson de farine, puis passez-le dans les œufs.

Faites chauffer l'huile dans une poêle à fond épais, ajoutez le poisson et un peu des œufs qui restent dans l'assiette. Faites frire sur feu doux ; quand le poisson est doré, tournez-le, couvrez la poêle et continuez à faire cuire à feu très doux 2 à 3 minutes. Disposez les sardines sur un plat de service et garnissez de citron.

Note : *nishiki* signifie « plein de couleurs » ou « scintillant ».

Coquilles Saint-Jacques

Nuta negi

2 bottes de ciboules parées
3 tranches de wakame (facultatif)
15 coquilles Saint-Jacques fraîches, pochées et coupées en gros morceaux

Sauce :
3 cuillères à soupe de shiromiso
3 cuillères à soupe de bouillon (page 12)
1 cuillère à soupe de vinaigre de riz
1 cuillère à soupe d'eau
1 cuillère à café de moutarde en poudre

Plongez les ciboules dans une casserole d'eau bouillante. Laissez bouillir pendant 2 1/2 minutes, puis égouttez et retirez toute l'eau. Coupez en longueurs de 5 cm.

Faites tremper le wakame dans de l'eau, complètement couvert, 10 minutes. Égouttez, rincez sous l'eau froide, puis égouttez et émincez.

Pour la sauce mélangez tous les ingrédients dans une casserole. Faites cuire 3 minutes, en remuant constamment.

Mettez les ciboules, le wakame et les coquilles préparées dans un bol, incorporez la sauce. Transférez dans des assiettes et servez à température ambiante.

Crevettes aux épinards, poisson au tofu

Crevettes aux épinards

Ebi no yasai itame

350 g de grosses crevettes
2 cuillères à soupe d'huile
3-4 branches de céleri, coupées en biais
2 oignons émincés
225 g de feuilles d'épinards préparées
4 cuillères à soupe de shoyu
30 cl de bouillon (page 12)
2 cuillères à soupe de maïzena
poivre noir fraîchement moulu
1 boîte de châtaignes d'eau (225 g), égouttées et coupées en tranches

Décortiquez les crevettes, retirez le boyau noir, puis coupez-les en deux dans le sens de la longueur. Chauffez l'huile dans une grande poêle et faites revenir les crevettes tout en remuant 1 minute. Ajoutez le céleri et les oignons, puis faites revenir tout en remuant 2 minutes. Étalez les épinards au-dessus, couvrez et faites cuire 1 minute.

Mélangez le shoyu, le bouillon, la maïzena et du poivre. Ajoutez dans la poêle avec les châtaignes d'eau et portez à ébullition, tout en remuant. Laissez mijoter 2 minutes. Servez chaud.

Pour 6 personnes

Champignons farcis

Urauchi shiitake

30 shiitake séchés trempés 30 minutes
25 cl de bouillon (page 12)
1 1/2 cuillère à soupe de shoyu
1 cuillère à soupe de sucre
350 g de crevettes cuites, décortiquées et hachées
1 blanc d'œuf
1 cuillère à café de maïzena
1 cuillère à café de sel
maïzena pour l'enrobage

Mettez le bouillon, le shoyu et le sucre dans une casserole et portez à ébullition. Retirez les queues des champignons égouttés, puis ajoutez les têtes au liquide mijotant. Faites cuire 10 minutes, égouttez.

Mélangez les crevettes, le blanc d'œuf, la maïzena et le sel. Passez le dessous des têtes de champignons dans la maïzena, puis remplissez avec la pâte de crevettes. Faites chauffer à la vapeur 10 minutes.

Pour 4 à 6 personnes

Desserts

Au Japon on ne sert pas de dessert à tous les repas. Des entremets sucrés et des fruits frais sont souvent servis entre ceux-ci. Ces plats sucrés sont préparés à partir d'ingrédients du pays — riz, farine de riz, haricots rouges et gélatine d'algues. Les Japonais utilisent également en abondance les fruits frais, toujours servis dans leur état optimal et merveilleusement présentés.

Soupe aux azuki

Zenzai ou shiruko

225 g d'azuki
275 g de sucre
1/2 cuillère à café de sel

Dango (boulettes) :
1/2 paquet de mochiko

Triez les azuki et lavez-les, mettez-les dans une casserole avec 1,5 litre d'eau. Portez à ébullition, puis baissez le feu et laissez mijoter 2 heures jusqu'à ramollissement des azuki.

Ajoutez de l'eau dans la casserole afin de porter la quantité de liquide à 1,2 litre. Ajoutez le sucre et le sel, puis faites cuire 15 minutes, tout en remuant de temps en temps.

Entre-temps, préparez les boulettes : mélangez le mochiko avec suffisamment d'eau afin d'obtenir une pâte ferme. Travaillez bien la pâte, puis prélevez de petites quantités afin de faire des boulettes de la taille d'une bille. Pratiquez une petite incision sur le côté de chaque boulette.

Portez à nouveau la soupe à ébullition, puis plongez les boulettes dans la soupe. Faites cuire jusqu'à ce qu'elles remontent à la surface. Répartissez dans des bols chauffés. Servez chaud.

Gâteau aux azuki

Manju

2 boîtes d'azuki (425 g) égouttés
500 g de sucre
2 cuillères à soupe de sel
1 bloc de kanten
45 cl d'eau
1 blanc d'œuf
2 cuillères à soupe de gelée de groseilles

Réduisez les haricots en purée. Mélangez la purée avec la moitié du sucre et du sel, tout en remuant jusqu'à dissolution totale du sucre.

Placez le kanten dans une casserole, recouvrez d'eau et laissez tremper 20 à 30 minutes. Portez à ébullition et remuez pour dissoudre. Ajoutez le reste de sucre et remettez dans la casserole. Incorporez la purée, le blanc d'œuf et la gelée. Faites bouillir jusqu'à ce que vous obteniez une pâte consistante. Versez dans une tôle métallique carrée. Laissez refroidir et prendre, puis découpez en rectangles. Réfrigérez avant de servir.

Gelée de pêches

Momo no kanten

1 long bloc de kanten
45 cl d'eau
350 g de sucre
12 cl de pulpe de pêches fraîches
jus d'un demi-citron
2 blancs d'œufs battus en neige

Lavez la gélatine à l'eau froide, puis mettez-la dans une casserole, recouvrez d'eau et laissez tremper 20 à 30 minutes. Portez à ébullition sur feu modéré, pour la faire fondre, ajoutez le sucre et remuez bien. Passez dans une passoire à grille fine, incorporez la pulpe de pêches et le jus de citron, puis laissez refroidir.

Incorporez ce jus dans les blancs. Versez dans un moule peu profond et faites prendre au réfrigérateur. Découpez en petits carrés ou en losanges. Servez frais.

Pour 24 morceaux

Note : vous pouvez remplacer la pulpe de pêches par des morceaux d'ananas en purée, non sucrés.

Glace au thé vert

Glace matcha

60 cl de glace à la vanille, ramollie
1 cuillère à soupe de matcha (thé vert en poudre)
1 boîte d'azuki sucrés (facultatif)

Mélangez la glace et le matcha, puis remettez au congélateur jusqu'à utilisation. Servez dans des assiettes et si vous les aimez, garnissez d'azuki sucrés.

Glace au thé vert, gelée de pêches

Gelée de pommes, crème aux amandes

Crèmes aux amandes

Crèmes no anzu

1 cuillère à soupe de gélatine dissoute
100 g de sucre
une pincée de sel
2 œufs, jaunes et blancs séparés
30 cl de lait
1/2 cuillère à café d'essence d'amandes
25 cl de crème double
amandes effilées grillées, pour décorer

Sauce :
35 cl de jus d'abricot
100 g de sucre
1 cuillère à café de jus de citron
75 g d'abricots secs, hachés

Mettez la gélatine, la moitié du sucre, le sel, les jaunes et le lait dans une casserole et faites chauffer à feux doux, en tournant, jusqu'à ce que le mélange soit onctueux. Sortez du feu et incorporez l'essence d'amandes. Laissez refroidir jusqu'à ce que le mélange épaississe.

Battez les blancs en mousse puis battez encore en incorporant le reste de sucre. Continuez à battre jusqu'à ce que la neige soit ferme et brillante. Fouettez la crème pour qu'elle soit épaisse. Incorporez crème et blancs d'œufs dans les jaunes d'œufs. Répartissez dans huit moules (15 cl chacun). Mettez au frais.

Pour la sauce mettez tous les ingrédients dans une casserole, couvrez et laissez mijoter 20 à 25 minutes. Mettez au frais. Réfrigérez.

Pour servir, versez la sauce sur la crème d'amandes non démoulée, puis parsemez d'amandes.

Pour 8 personnes

Glace au tofu

Tofu no ice cream

500 g de tofu
3 cuillères à soupe de miel
1/2 cuillère à café d'extrait de vanille
une pincée de sel

Passez 350 g de tofu, le miel, la vanille et le sel au mixeur. Versez dans une boîte couverte et congelez une nuit.

Travaillez le reste de tofu en pommade au mixeur. Cassez le mélange congelé en petits morceaux. Ajoutez, petit à petit, à la purée de tofu tout en faisant tourner à vitesse élevée.

Petits pains rouges

Manfu

450 g de sucre
25 cl d'eau
350 g de farine
1 cuillère à café de thé vert en poudre
2 boîtes de haricots rouges (425 g chacune), égouttés
2 cuillères à soupe de sel

Faites dissoudre la moitié du sucre dans un bol avec l'eau. Tamisez la farine et le thé dans le bol, et mélangez afin d'obtenir une pâte onctueuse.

Passez les haricots égouttés dans un mixeur pour obtenir une purée. Incorporez-y le reste de sucre et le sel. Passez la purée à la passoire.

Divisez la pâte en petites portions et aplatissez-les en rondelles. Formez des boulettes avec la purée, puis placez une boulette sur chaque rondelle de pâte. Enveloppez complètement chaque boulette. Faites cuire les petits pains à la vapeur dans un linge humide 15 minutes.

Gelée de pommes

Ringo no kanten

2 blocs de kanten
45 cl d'eau
45 cl de jus de pomme
une pincée de sel
1/2 citron, coupé en tranches fines
une pincée de feuilles de menthe séchées
fruits de saison préparés, par exemple fraises, melons, poires (facultatif)

Mettez la gélatine dans une casserole, couvrez avec l'eau et le jus de pomme, puis ajoutez le sel, les tranches de citron et la menthe. Portez à ébullition, tout en remuant, et laissez mijoter jusqu'à dissolution de la gélatine.

Passez dans un bol. Laissez refroidir légèrement puis, le cas échéant, ajoutez les fruits. Versez dans un joli moule et réfrigérez jusqu'à ce que le tout soit pris.

Pour 6 personnes

Gâteau au miel

Kasutera

5 œufs, battus
150 g de sucre
75 g de miel
75 g de farine
3/4 cuillère à café de levure
2 cuillères à soupe de sucre glacé, pour la décoration

Cassez les œufs dans un saladier, puis fouettez tout en ajoutant progressivement le sucre et le miel. Fouettez jusqu'à ce que le mélange devienne clair et mousseux. Tamisez la farine et la levure au-dessus de ce mélange.

Versez la pâte dans un moule carré de 24 cm, beurré et fariné. Faites cuire à four préchauffé (180 °C) 30 minutes. Laissez refroidir dans le moule 10 minutes, puis sur une grille.

Saupoudrez de sucre glacé. Découpez en petits carrés avant de servir.

Pour un gâteau de 24 cm

Note : ce type de gâteau léger fut introduit au Japon, il y a plusieurs siècles, par des commerçants hollandais faisant escale dans le port de Nagasaki.

Fruits fouettés au tofu

Tofu to kudamono

350 g de tofu, réfrigéré
225 g de fraises préparées, des pêches ou de l'ananas
1 cuillère à soupe de miel
noix hachées pour la décoration

Placez le tofu, les fruits et le miel dans un mixeur et travaillez jusqu'à ce que le mélange soit moelleux. Servez dans de petites assiettes, saupoudrez de noix hachées.

Index